文学にみる港の姿

横浜港ものがたり

志澤政勝 著

有隣堂

はじめに

港は日々変わっている。

横浜港も経済、社会、政治の変化に対応して変わってきた。これからも変わっていく。今の港は、物流の最前線というその役割の必然性から規模を拡大して、沖へ向かって展開し、結果として、一般の人の目から見えなくなってしまった。大きな港はどこもそうである。

横浜港が発展、変化する過程で、当時当たり前だったことや物や人が、今ではその痕跡すらないことは多い。例えば、大さん橋や新港ふ頭にあったレストラン、港内に停泊した船の船員や船客相手の物売り、移民船の出港、ナホトカ航路のソ連客船。横浜港を形作っていたものである。しかし、こうした事柄について書き残されていることは少ない。

横浜港について書かれたものの多くは、埠頭の建設や貿易の変遷である。これとは違う視点で横浜港の姿を書けないかと思った。

手掛かりにしたのが文学である。二〇〇四（平成十六）年に勤務する横浜マリタイムミュージアム（現在、横浜みなと博物館）の企画展「横浜港を彩った客船」で、「文学でみる横浜港と客船」として、森鷗外の「桟橋」や岸田國士の『由利旗江』、岡松和夫の『魂ふる日』などを取り上げた。文学作品のなかの港の描写で、客船港としての横浜港を構成しようとしたものであった。横浜港が出てくる文学作品は意外に多かった。桟橋や岸壁、上屋《うわや》、入出港客船のほか、貨物船、船員、港特有の商売、街並みなどが登場人物の行動とともに描かれていた。作品は、生き生きと港の様子をとらえていた。

たとえば、川端康成の「花のワルツ」では、客船全盛期の港頭の光景を的確に描写している。「岸壁の突つ鼻の方には、ホテルの客引達が集まつてゐた。花やかな洋行歸りを迎へるといふ、派手な風俗の人ばかりではなく、移民の縁者らしい村人もゐた。船員の家族もゐた。港の娼婦の眠り足らぬ顔もあった。」

獅子文六の『やっさもっさ』に出てくる実業界のボスの、横浜港に「東洋のモナコ」をつくるという荒唐無稽のような一言は、実は占領下の横浜港の港湾計画を下敷きにしていた。小説のなかのさりげない記述が横浜港の歴史の一齣を語っていた。

港は題材が豊富である。とりわけ、横浜港はその歴史と性格から、多様な表情を見せる。世界に開けた国際貿易港であり、工業港であり、客船港であるという港としての多面性。開港期以来の異国情緒、国際性。帝都東京に近いという立地。港や船に関係する多くの産業や商売がある。それらが組み合わされて、横浜港で様々な出来事が繰り広げられた。それは、港が持っているドラマ性といえよう。

この本は、文学に描かれている横浜港の事柄を糸口に、文学作品の主人公を案内役にして、横浜港の施設や出入りする船、港の商売などについて書いたものである。案内人は多彩である。世界旅行中のフランス人の従僕、伯爵夫人、バレリーナ、石炭船の船員、戦後の実業界のボス、化粧品のセールスマン、シップ・チャンドラー、ジャズ奏者をめざす青年、閑職の商社マン。横浜港を訪れ、あるいは横浜港で仕事をしている彼らの言動のなかから、その時々の横浜港の姿を浮かび上がらせたいと考えた。

それは、何気ない港の描写の実際の姿を再現して、その意味や背景を探り、その時代の横浜港が見えるようにしたいと試みたものである。

目次

はじめに

第一章　横浜開港から近代的な港へ

オサラギの国のヨコハマの波止場……12
大佛次郎著『霧笛』『その人』『鞍馬天狗敗れず』より

ジュール・ヴェルヌの描いた横浜港……22
ジュール・ヴェルヌ著『八十日間世界一周』より

二号ドック建設と現場小僧……36
長谷川伸著『自伝随筆　新コ半代記』より

横浜船渠とかんかん虫……46
吉川英治著『忘れ残りの記』『かんかん虫は唄う』より

桟橋、鉄桟橋、大さん橋……58
森鷗外著「桟橋」より
港内物売り事情――沖売ろう……70
葉山嘉樹著「波止場の一日」より
船員の求職活動とボーレン……82
葉山嘉樹著『海と山と』『海に生くる人々』より
市営埋立と浚渫船と臨港工業地帯……96
船方一著「闘う日産の仲間たちに」「別れの歌」より
横浜に春を告げるクルーズ客船……108
大野林火著『海門』より

臨港カフェと桟橋食堂……120
川端康成著「花のワルツ」より

第二章　戦後復興からコンテナ船の時代へ

国際観光基地計画と公園ふ頭……132
獅子文六著『やっさもっさ』より
ミス横浜と国際観光船歓迎……142
斎藤栄著「三人のミス・ミナト」より
戦後の移民船と母国観光団……154
岡松和夫著『魂ふる日』より
マリンタワーの誕生……166
吉行淳之介著『砂の上の植物群』より

シップ・チャンドラーの仕事……182
生島治郎著『傷痕の街』より
高度経済成長期入口の横浜港の風景……192
三島由紀夫著『午後の曳航』より
若者の夢を乗せたナホトカ航路……206
五木寛之著『青年は荒野をめざす』より
艀の盛衰……216
城山三郎著『毎日が日曜日』より
横浜港略年表……226
あとがき……228

第一章　横浜開港から近代的な港へ

オサラギの国のヨコハマの波止場

『霧笛』より
大佛次郎著

主人のクウパーが帰ってきた。栈橋《さんばし》に出て待っていた千代吉は、船脚をゆるめながら横づけになろうとしている極東航路の汽船の甲板《かんぱん》に白服と白帽の雲突くような体格を目ざとく見つけだしていた。

『その人』より
大佛次郎著

客もサンパン（はしけ）で搬《はこ》ばれて上陸するので、汽船が碇《いかり》をおろしてから栈橋に出かけても、充分に間に合った。

大佛次郎著

『鞍馬天狗敗れず』より

大体、この朝早い時間には、この海岸通りにはまだ歩いている人間を見ない。時たま通るのは沖や桟橋へ働きに出る仲仕の類《たぐ》い。

大佛次郎著『霧笛／花火の街』講談社　一九九六年（講談社大衆文学館）／初出：一九三三年七月七日〜九月二十六日「東京朝日新聞」「大阪朝日新聞」連載
大佛次郎著　村上光彦編『その人』未知谷　二〇〇九年／初出：一九五三年十二月九日〜一九五四年六月十二日「東京朝日新聞」
大佛次郎著　村上光彦編『鞍馬天狗敗れず』未知谷　二〇〇九年／初出：一九四五年六月十日〜十月六日同盟通信社配信「岐阜合同新聞」「東奥日報」「北日本新聞」「佐賀新聞」連載

山手から見た外国人居留地と横浜港　1870～80年代　正面の建物はグランドホテル
横浜みなと博物館蔵

大佛次郎《おさらぎじろう》（一八九七〜一九七三）は、現在の横浜市中区英町《はなぶさちょう》に生まれた。近くに赤門と呼ばれる東福寺がある。父親は日本郵船に勤めていた。横浜市尋常高等太田小学校に入学して間もないうちに、兄たちの通学の必要から一家は東京へ引っ越した。八歳の春だった。

そのため大佛の横浜への郷愁は強く、作家になるとホテルニューグランド三一八号室を仕事場にした。そして、幕末から明治初期の横浜の外国人居留地を舞台にした多くの小説を書いた。それは『霧笛』に代表される〝開化物〟と呼ばれる一群の作品と鞍馬天狗三作である。

大佛はどのように開港場を再現したか

開化物は、『霧笛』のほかに『花火の街』『薔薇の騎士』『幻燈』『その人』など数多い。大佛の生誕の地、横浜への熱い思いの表れであるが、これを可能にしたのは横浜滞在と勉強であった。大佛は「横浜らしい横浜をほとんど何も見ず知る機会もなく」横浜を離れた。「長谷川伸、吉川英治は、私より物ごころついて横浜にいて既に実地に働いてもいた人たちだから、ほんとうの古い横浜を知っていたはずである。私は子供で何も知らなかったから、横浜のことはあとで勉強したのである。」（「私の履歴書」『大佛次郎随筆全集』第三巻、朝日新聞社、一九七四年）。長谷川伸は十三歳、吉川英治は五歳年上だった。

そして、鎌倉からの日帰りから、ホテルニューグランドに滞在するようになるのは、『赤穂浪士』を執筆中の一九二八（昭和三）年からである。ホテルの開業が前年の十二月一日であるから、開業間もなくである。以後十年以上ここを仕事場として使った。

三階の部屋から見える港の風景に触発されるように開化物を創作していく。まだ残っていた明治時代の建物やハイカラな気分の混じり合った港町だけが持つ独特の雰囲気に浸るのを好んだ。夕方仕事を終えると、一階のバーに降り、それから山下公園、中国人街周辺、メリケン波止場、弁天通り、元町、海岸通り、フランス山、本牧のチャブヤ、日本大通りを散歩した。夜になると、裏町を飲んで歩き、様々な人に出会った。

勉強は本屋歩きや浮世絵専門店で集めた『横浜開港側面史』や『横浜開港見聞誌』、エメ・アンベールの『描かれた日本』『横浜絵地図』などを使ったと推測される。散歩で見聞し観察したことと、勉強の成果の一部は『日本地理体系　第四巻　関東篇』の写真及び解説の「吉田橋と伊勢佐木町を望む」や「インド人の船乗り」等に表れている。日頃感じる港だけが持つ国際的な雰囲気と、散歩による観察、そして勉強を、幕末開化期に時間をスライドさせて『霧笛』に結実させたのである。

波止場はどう描かれているか

『霧笛』は、居留地のイギリス人商人クウパーに絶対的主従関係で仕える無頼の若者千代吉の、完璧な主人への屈折した人間的愛着を描いている。『花火の街』『幻燈』『その人』は、元旗本の若者、元幕臣の子息が新しい世界である外国人居留地で自らの生き方を見い出していく物語。

開港場は貿易の場で、外国人居留地と波止場が中心である。開化物では、居留地の様子がよく書き込まれている。夜でも明るく活気のある街、外国人居留地の建物、外国人の生態、南京屋敷の賭博などが活写されている。

では、波止場はどうか。

主人公の一人クウパーが元船長で、貿易商である『霧笛』では、波止場は何度も出てくる。極東航路の汽船は桟橋に「横づけになろうとしている」、「桟橋の踏板も飛沫《しぶき》でぬれている。絶えず、橋杭《はしぐい》にあたる風波の音が足の下で陰気にごぼごぼ鳴っている」等。

鉄桟橋（大さん橋）が一八九四（明治二十七）年に完成するまで、横浜港の港湾設備は開港に合わせてつくられた石垣造りの二本の突堤からなる西波止場と、文久年間に築造された東波止場、それに一八七四（明治七）年に埋め立てられた日本波止場（国産波止場）の三か所だったので、実際とは矛盾することになる。貿易船は沖に停泊し、貨客は小船で波止場へ運んだ。

また、「狭い間を置いて簀の子《すこ》のように板を並べた桟橋」とも書いている。こうした表現は、横浜に住んでいた頃、母親たちに連れられて大さん橋に行った時の印象が強かったためか。

「その時分の桟橋は、隙間を作って板を打ちつけて海中に突出しただけの木の橋であった。

歩いている下に汐が揺れ動きごぼごぼ鳴って橋脚を洗っているのがのぞいて見えた。」（『私の履歴書』）。これは、大佛の数少ない横浜の具体的な記憶である。木の桟橋は鉄桟橋の誤りで、桟橋の床には檜の板が張られていたので、そう思ったのだろう。檜板は幅一五・二センチ、厚さ十・二センチで二・五センチの間をあけて張られていた。そのため、『その人』では「この橋は一枚おきに板を透かせて、揺れる海面が、すぐ下から覗いた」と記述している。桟橋の床の下を横から見ないと鉄杭構造の桟橋であることはわからない。

一方で、『その人』では「客もサンパン（はしけ）で搬《はこ》ばれて上陸する」と当時の波止場の姿を描いている。さらに、「波止場は石で出来ている部分と、海面に渡した木橋の部分とでつながっていた」と書くように、イギリス波止場の石組と思われる突堤と桟橋（木橋）を連結した構造にしている。桟橋があるのに船は沖に泊まっているという描写になっている。

小説は作者の主題に合わせて書かれるものである。観察し勉強したことが練り直され変形されて、物語の要請に合致するかたちで小説内部に組み込まれていったのである。

鞍馬天狗の横浜波止場

第二次世界大戦をはさんだ時期に書いた鞍馬天狗三作は、舞台を京都から横浜の開港場に移した。『薩摩の使者』は、鞍馬天狗が幕府とフランスの武器商人の密約で横浜港に陸揚げさ

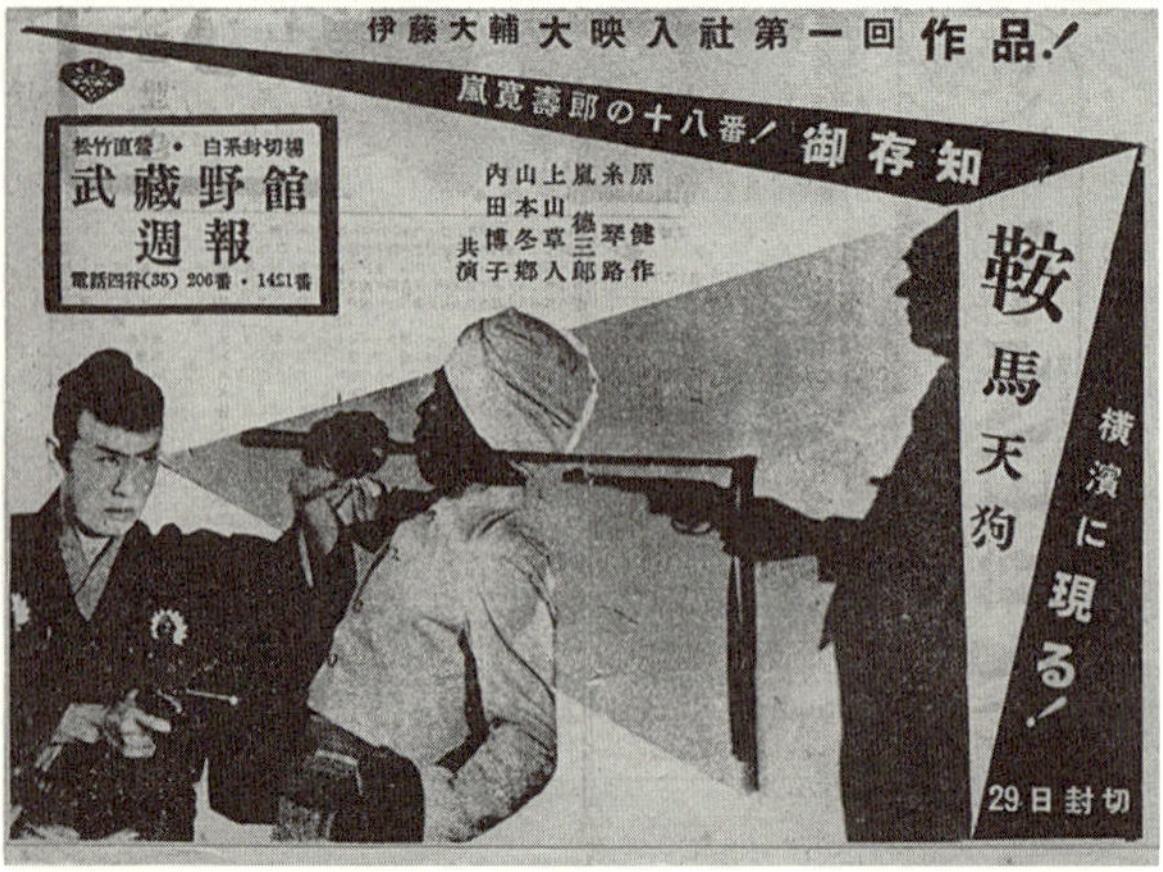

映画「鞍馬天狗」のプログラム（『武蔵野館週報』） 1942（昭和17）年
大佛次郎の原作ではなく伊藤大輔監督のオリジナル作品。主演の鞍馬天狗は嵐寛寿郎。宣伝コピーに「鞍馬天狗　横濱に現る！」とある。戦後の題名は「鞍馬天狗　黄金地獄」 松田集氏蔵

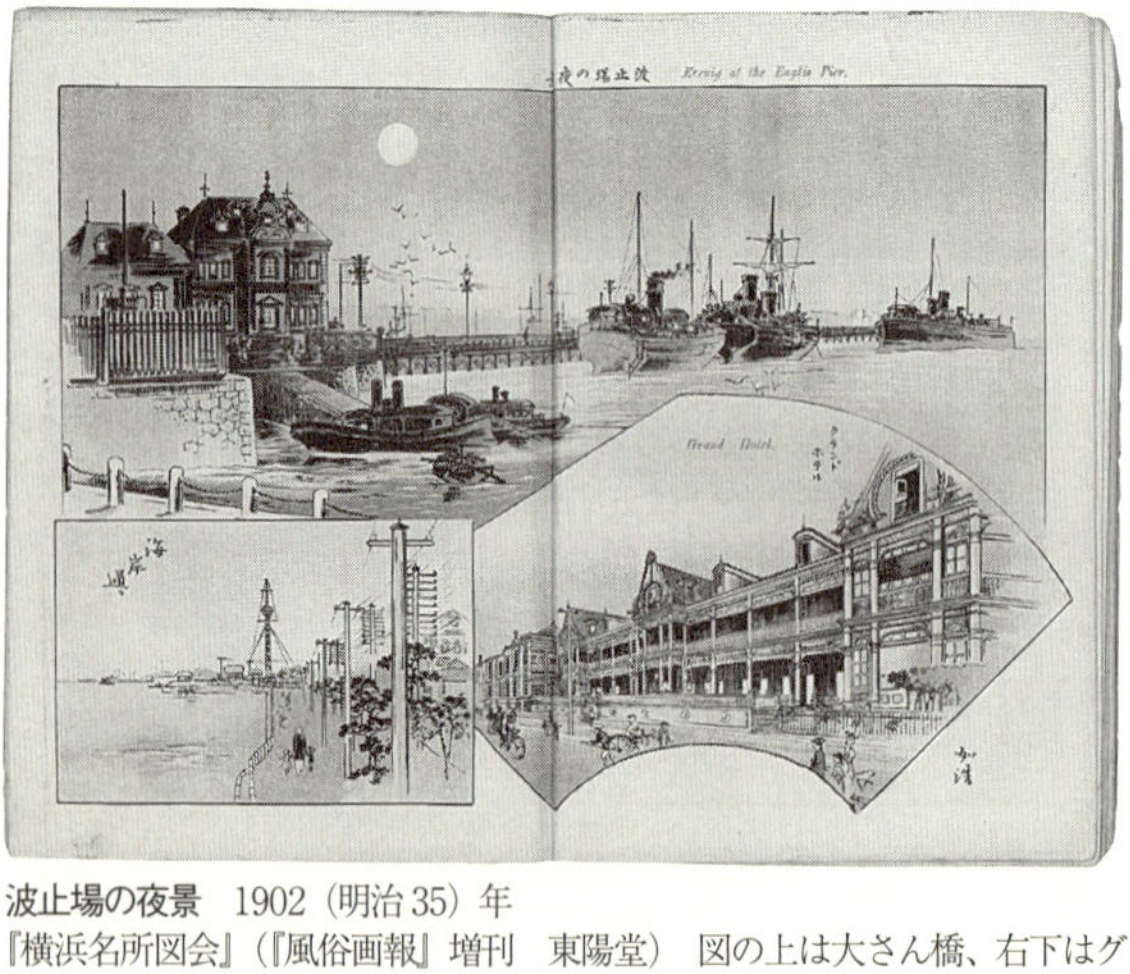

波止場の夜景 1902（明治35）年
『横浜名所図会』（『風俗画報』増刊　東陽堂） 図の上は大さん橋、右下はグランドホテル、左下は海岸通 横浜みなと博物館蔵

れるというフランス製の兵器を探索し破壊する。『天狗倒し』と『鞍馬天狗敗れず』は生麦事件を主題にしている。事件の下手人になりすました鞍馬天狗が、前者ではイギリス商人の阿片の密輸入を暴き、後者では生麦事件の幕府の対応を憂いて行動する。

『薩摩の使者』では、「天狗の姿が、英桟橋のところに立っていた」。『鞍馬天狗敗れず』では、「時たま通るのは沖や桟橋へ働きに出る仲仕の類《たぐ》い」あたりが、波止場の具体的な表現である。

開化物に比べて、鞍馬天狗では波止場の描写は少なくあっさりしている。それは、開化物ほど波止場が重要ではないためである。開化物では、展開される人間ドラマは横浜の開港場、波止場という場所でなくてはならないのに対して、鞍馬天狗では開港場及び開港場を構成する重要要素の波止場という場所が、物語の主題からは必要ではあるが、重要ではないからである。『霧笛』では波止場、汽船は、クウパーの人物造形、クウパーと千代吉の人間関係を表現する上で大きな要素として位置づけられているからだろう。

いずれにしても、波止場の描写には混乱がみられる。桟橋※も岸壁※も波止場も区別なく用いている。

※桟橋＝海中に建てた支柱に桁と梁を渡し、その上に床を張って造った船の接岸設備
※岸壁＝桟橋と同じ係船施設だが、陸岸に連続した土地の一部で、海底からほぼ垂直に築いた擁壁であり、構造が異なる

クウパーのモデル

『霧笛』の主人公の一人はクウパー。イギリスの植民地を渡り歩いてきた元船長の商人。イギリス海洋帝国の具現者のように描かれている。クウパーのモデルは、大佛が「ホテルの酒場でよく会う英国人クルガー」とみられている。『天狗倒し』では阿片密輸のイギリス商人ブラウンとして登場する。クルガー（以下、クルーガー）についての内海孝氏の調査（「大佛次郎と居留地の発見」）によると、横浜の外国人人名録の一九〇〇年版の Kruger,Captain-Lieutenant,H. I.G.M.S. "Hertha" と思われ、一九一六年版では、「Kenneth F.H Kruger」で記載され、フィンドレー・リチャードソン商会のアシスタントを務めていた。同商会はイギリス・グラスゴーに本店を置く総合商社。一九二六年版では旧居留地の山下町五十番で独立した。また、墓碑によれば、一八八二年二月二十一日、イングランドのバースで生まれ、一九四一年十二月十七日に死去した。

Captain-Lieutenant は、帆船時代のイギリス海軍の職制のようである。資格試験に合格した士官候補生はルーテナント Lieutenant、すなわち尉官に任命される。尉官はキャプテン（艦長）の補佐官。クルーガーはイギリス海軍出身らしい。気になるのは一八八二年の生まれ。一九〇〇年版の人名録掲載時は十八歳ということになる。大佛は「老人」とも書いている。ホテルの酒場で会ったであろう一九三二年では五十歳であり、老人とはいえなかろう。

大佛はまた、クルーガーは「帆船時代に南米のケープホーンの難所を二度廻った経験があるのを自慢に話してくれた」「老人」と書いている。南米最南端のホーン岬は嵐や激浪の難所で、船員の犠牲や船の損失も大きかった。特に偏西風に逆らう大西洋側から太平洋側へ向かう西航が難しく、帆船乗りにとって最大の試練であり、腕の見せ所でもあった。ホーン岬沖を通る帆船や帆船乗りをケープホーナーと呼び、何度通過したかが帆船乗りの誇りであり、キャリアの尺度になった。クルーガーが自慢するゆえんである。十五歳くらいでも帆船乗りにはなれたが、二度ホーン岬を通過するにはそれなりの乗船年数を必要とした。また、大佛は「クルーガーさんといって港のパイロット（水先案内人）をやっていた人」とも書いている。実際の履歴はともかく、クルーガーは生粋の船乗りだったようである。

《参考文献》

内海孝著「大佛次郎と居留地の発見—なぜ横浜居留地を舞台に登場させたのか—」（村上光彦編『鞍馬天狗敗れず』二〇〇九年　未知谷　所収）
大佛次郎著「『霧笛』を生んだ波止場情緒」（淵野修編刊『横浜今昔』一九五七年　毎日新聞社横浜支局　所収）
大佛次郎著「あとがき」（『大佛次郎時代小説自選集　第六巻』一九七〇年　読売新聞社　所収）
村上光彦編解説『作家の自伝91　大佛次郎』一九九九年　日本図書センター
福島一行著『大仏次郎と横浜』一九九八年　神奈川新聞社
福島一行著「人と作品　大佛次郎」（大佛次郎著『霧笛／花火の街』一九九六年　講談社〈大衆文学館〉所収）
直良三樹子著「横浜と文学＝横浜が生んだ四大作家」（『横浜を楽しむⅡ』一九九四年　横浜学連絡会　所収）
杉浦昭典著『帆船史話』一九七八年　天然社

ジュール・ヴェルヌの描いた横浜港

ジュール・ヴェルヌ著、田辺貞之助訳
『八十日間世界一周』より

十三日の朝の満潮時に、カーナティック号はヨコハマの港にはいった。
ここは太平洋の重要な寄港地で、北米、シナ、日本、マライ諸島の旅客や郵便物をはこぶすべての汽船が寄港する。
（略）

カーナティック号はヨコハマの桟橋に横づけになった。港の防波堤や税関の倉庫が近くにあり、各国の船がおびただしく停泊していた。

ジュール・ヴェルヌ著、田辺貞之助訳『八十日間世界一周』東京創元社（創元推理文庫）一九七六年／初出：一八七二年、パリの『ル・タン』紙に連載。一八七三年、エッツェル書店より"LE TOUR DU MONDE EN QUATRE-VINGTS JOURS"として刊行

横浜港を出港したアメリカのパシフィック・メール社の太平洋航路定期船ジャパン
画・山形欣哉　4,351 総トン、木造外輪船。当時の大型船。1867 年から 74 年まで就航した。フォッグ一行が横浜からサンフランシスコまで乗船した客船グラント将軍は、ジャパン及び同型船をモデルにしたのだろう　横浜みなと博物館蔵

『八十日間世界一周』は、ジュール・ヴェルヌ Jules Verne（一八二八～一九〇五）の冒険科学小説「驚異の旅」シリーズのうちの一作。一八七二年、パリの「ル・タン」紙で連載が始まるとたちまち評判となった。『海底二万海里』などとともに、今なお世界中で愛読されている小説である。友人と二万ポンドを賭けた大富豪フィリアス・フォッグが従僕のパスパルトゥーとともに、次々と生起する障害や困難を克服しながら、新しい乗り物である汽車や汽船などを利用して、文字通り八十日間で世界一周する波乱に満ちた物語である。

主人公一行が開港十三年後の横浜に上陸することはよく知られている。

科学と機械の時代

『八十日間世界一周』が書かれた時代は、蒸気機関車が大陸を、蒸気船が海上を縦横に走りはじめ、電気通信、輪転機が実用化され、英仏間に初の海底ケーブルが敷設され、ダーウィンが『種の起源』を刊行し、ハルが火星の二つの惑星を発見した〝発明発見の時代〟だった。それはまた、科学と技術の最先端の成果が集められた博覧会が、ロンドンやパリ、フィラデルフィア、ウィーンで相次いで開催された〝万国博覧会の時代〟でもあった。科学と機械への夢と信仰が果てしなく広がろうとしていた。

ヴェルヌは、一八七〇年に『ル・マガザン・ピトレスク』で、前年のスエズ運河開通により、八十日間で世界一周ができるという旅程表付きの記事を見て、この小説を思いついたといわれている。『ピトレスク』誌と『八十日間世界一周』との旅程の大きな違いは、起終点をパリからロンドンにしたことである。

小説中の「モーニング・クロニクル」紙掲載の世界一周の旅程は次のとおり。

◇ロンドン—スエズ間、モン・スニ、ブリンディージ経由、鉄道および客船利用……七日間
◇スエズ—ボンベイ間　客船利用……十三日間
◇ボンベイ—カルカッタ間　鉄道利用……三日間
◇カルカッタ—香港間　客船利用……十三日間
◇香港—横浜間　客船利用……六日間
◇横浜—サンフランシスコ間　客船利用……二十二日間
◇サンフランシスコ—ニューヨーク間　鉄道利用……七日間
◇ニューヨーク—ロンドン間　客船および鉄道利用……九日間

計八十日間

連載が始まった一八七二年、旅行業の先駆者トーマス・クックがロンドン発着の世界初

の団体旅行による世界一周を実施していた。こちらはフォッグとは逆の西回り。世界各地を観光しながらの旅で、百二十二日間を要した。横浜にも寄っている。実はヴェルヌは、この世界一周ツアーの広告を連載開始の年初めに見て、着想を得たともいわれている。

汽船による航路網と汽車による鉄道網の拡大、スエズ運河開通といった実用的な科学の成果なしには、トーマス・クックやフォッグの行動はあり得なかった。

なぜ横浜に上陸したのか

開港したばかりの横浜港に寄港したのは軍艦のほか、商船である。商船は、外国商社などが貨物に応じて運航していた、いわゆる不定期船であった。二週間に一回、一か月に一回寄港というように決められたスケジュール、航路、寄港地に従って運航されている定期船ではなかった。しかし開港五年後には、年ごとに増加する生糸を主とする貿易貨物と旅客需要、そして郵便輸送の必要から定期船が寄港するようになる。

一八六四年、イギリスのペニンシュラー・アンド・オリエンタル汽船（P&O汽船）が上海―横浜間に月二回の定期航路を開設した。翌一八六五年にはフランスの帝国郵船（のちのメサジュリ・マリティム）が上海―横浜間の定期航路を開き、月一回の配船を開始した。いずれもすでに定期航路が開かれていたヨーロッパから上海までの航路に接続したものだった。一八六七年にはアメリカのパシフィック・メール社（ＰＭ社）が、サンフランシスコ—横浜—香港間に月一回の太平洋横断航路を開いた。

こうして欧米先進国と横浜が汽船でつながった。横浜港は国際的定期航路網、すなわち世界海運の一端に組み込まれることになった。外国定期船の寄港は港の重要性を示し、世界経済の枠組みのなかに位置づけられたことを意味していた。ヴェルヌがいうように、横浜港は「太平洋の重要な寄港地で、北米、シナ、日本、マライ諸島の旅客や郵便物をはこぶすべての汽船が寄港する」ことになったのである。横浜港は東洋の主要港の一つになり、アメリカへの発着港となっていた。

横浜港停泊の場面

小説のなかで横浜港が描かれるのは、パスパルトゥーが主人フォッグとはぐれて、一人で一足先に香港から乗船した汽船カーナティックで入港する場面である。

「カーナティック号はヨコハマの桟橋に横づけになった。港の防波堤や税関の倉庫が近くにあり、各国の船がおびただしく停泊していた」

冒頭引用の後段部分である。一八七二（明治五）年の横浜港には桟橋も埠頭もまだなかった。ヴェルヌは日本に来ていないので、当然横浜の港も見ていないために、こうした誤り

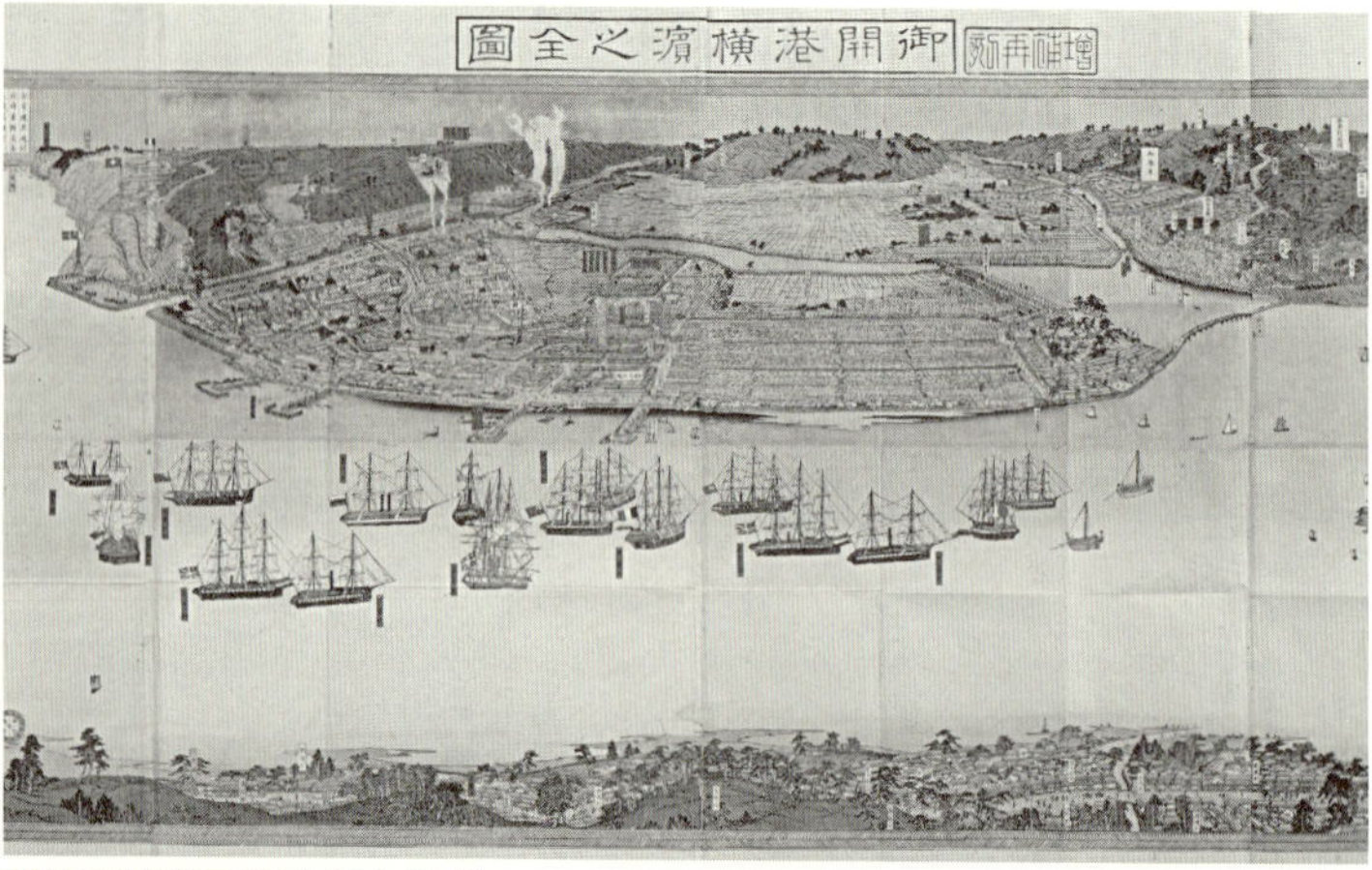

増補再刻御開港横浜之全図（部分）
画・橋本玉蘭斎　1865（慶応元）年から66（慶応２）年頃の横浜。波止場の沖合には多数の船が泊まっている。パスパルトゥーを乗せたカーナティックもこうした船のなかを入港した　横浜みなと博物館蔵

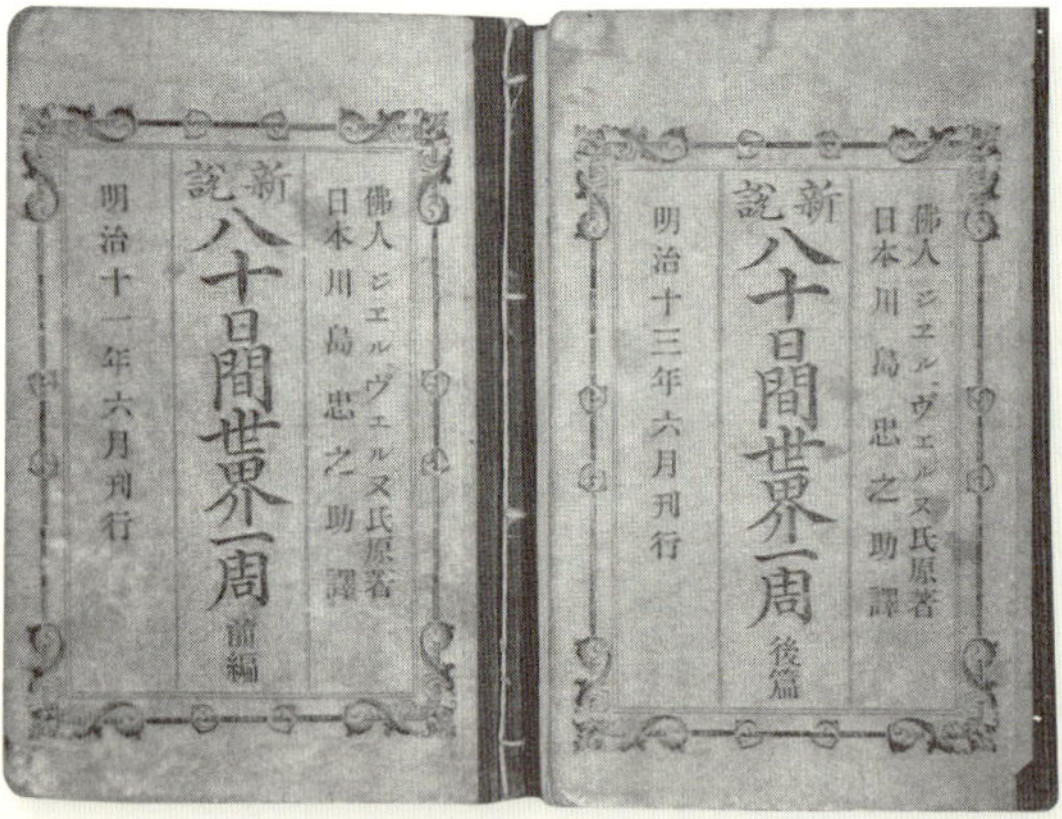

川島忠之助訳『新説八十日間世界一周』
『八十日間世界一周』の日本初の翻訳。前編は1878（明治11）年自費出版、後編は1880（明治13）年慶応義塾出版部から刊行された。これは、フランス文学の日本最初の原典訳という記念碑的な翻訳でもあった　県立神奈川近代文学館蔵

が生まれたのだろう。

この小説の日本最初の翻訳である川島忠之助訳『新説八十日間世界一周』(前編一八七八年、後編一八八〇年刊行)をみると、「『カルナチック』ハ横濱税關ノ波止場ニ近キ錨ヲ萬国ノ船舶羅列スル間ニ投ジケレバ」としている。つまり、カーナティックは波止場に近い、各国の船が停泊している海上に錨をおろして泊まったのである。当時の横浜港における軍艦、商船の停泊の状態を正確に記述している。

なぜ、こう記述することができたのか。川島忠之助(一八五三〜一九三八)は、十六歳で横須賀製鉄所の図工見習、次いで伝習生となり、ここでフランス語を習得する。その後、富岡製糸場の通訳、横浜のオランダ八番館の番頭になった。一八七六(明治九)年にはイタリアへの蚕卵紙売り込みの使節団の通訳として、アメリカ経由で渡欧している。その後、横浜正金銀行に勤めた。文学者ではなかった。川島は横浜の商館勤務と横浜港からの出港の経験から横浜港の様子はよく知っていた。それが訳に反映されたのだろうか。あるいは、原文通りの翻訳なのだろうか。入港場面の原文は次のとおりである。

Le *Carnatic* vint se ranger au quai de Yokohama, près des jetées du port et des magasins de la douane, au milieu de nombreux navires appartenant à toutes les nations.

文中のキーワードは ranger で、意味は「整列する、沿って進む」(『ロワイヤル仏和中辞典』

旺文社）。「横付け」という言葉は出てこない。川島訳は逐語訳といわれ、フランス文学者富田仁氏は『ジュール・ヴェルヌと日本』のなかで、原典に即した「忠実な翻訳」と述べている。ヴェルヌは横浜港を訪れたことがあるかのように、入港、停泊の様子を正確に書いていたのである。とはいえ、同時代の川島の見聞に基づいているところもありそうである。

船は横付けして停泊するものか

参考までに、冒頭引用以外で、現在入手できる主な邦訳で該当部分を探すと、いずれも桟橋や埠頭に横付けしている。

「カルナティック号は横浜の桟橋に横づけになった。その近くには港の防波堤や、税関の倉庫があり、いろいろな国のたくさんの船が碇泊していた。」（角川文庫／江口清訳、一九七八年）

「カーナティック号は横浜の埠頭に横付けした。船が接岸したのは、港の桟橋や税関の倉庫の近くの、ありとあらゆる国に属する数多くの船舶のただ中であった。」（岩波文庫／鈴木啓二訳、二〇〇一年）

「波止場にはすでにさまざまな国の船が横づけされていた。カルナティック号もその間に錨をおろす。波止場の一角には税関があって、そのまわりにはたくさんの店が並んでい

た。」（光文社古典新訳文庫／高野優訳、二〇〇九年）

どの翻訳も「整列する」を一歩進めて、桟橋（埠頭）に「横づけする」「接岸する」と意訳した結果らしい。意訳したのは、船は桟橋や岸壁に横付けして停泊するのが普通だからである。それは、今も一八七二年も同じである。しかし、横付けすべき桟橋や岸壁、埠頭がなければできない。海上に停泊せざるをえない。カーナティックを横付けさせてしまったのは、一八七二年の横浜港には桟橋や埠頭がなかったことを訳者は気がつかなかったのであろう。

一八七二年の横浜港

パスパルトゥー到着の二年前の一八七〇（明治三）年、横浜に着いたアメリカ人教師のW・E・グリフィスは、入港の様子を次のように書き残している。

「船舶の埠頭はまだないが、イギリスとフランスのハトバ（波止場）がある。イギリスの波止場は水面から約一二フィートの大きな不規則な四角形の石を組んだ波除けで、その一角に狭い入口がある。イギリス波止場の上陸側には階段がついていて、二十隻以上の小舟が乗客を一度に下ろすことができる。

（略）

機関が止まる。大きな船は静かに停泊する。たちまち待ちかまえていた小舟の群が、綱をとかれた猟犬のように船尾左舷の出入口に向っていっせいに飛び出す。そして汽船をとりかこむ。」（W・E・グリフィス著『皇国』第二部、一八七六年、邦訳『明治日本体験記』山下英一訳、平凡社）。

当時の横浜港の姿をよく観察している。つまり、外国からの船を着ける埠頭や桟橋などの港湾施設はなく、石組みの二つの波止場があるだけだった。グリフィスのいうイギリス波止場とは、開港に合わせて建設された二本の突堤からなる波止場（西波止場ともいう）をさしているが、ふつう、海から見て左側の外国貨物を扱う突堤をイギリス波止場と呼ぶ。二つの突堤は一八六七（慶応三）年に改修されて内側に曲がった。イギリス波止場はその形状から「象の鼻」と呼ばれるようになる。その東側にフランス波止場（東波止場ともいう）が文久年間に造られた。カーナティックが入港した時期は、この二つ波止場が横浜港の港湾施設だった。

エンジンを止めて停泊したグリフィスの乗る汽船を小船が取り囲んだ。汽船が桟橋には

西波止場　1870～80年代
手前の小船は沖に泊まった船との交通に利用された。
写真中央右端に見えるのは象の鼻　横浜みなと博物館蔵

着かず、イギリス波止場の沖合に停泊したことを示している。グリフィスはこの後、小舟に乗り換えて、アメリカの汽船とプロシアの軍艦のそばを通ってイギリス波止場に上陸する。

栈橋も埠頭もないため、船は波止場に近い沖合に停泊せざるを得なかった。上陸するには、小船に乗り換える必要があった。船を横付けできる栈橋が完成するのは一八九四（明治二十七）年である。栈橋（大さん橋）は、一八八九（明治二十二）年から一八九六（明治二十九）年にかけて実施された横浜港最初の築港工事で、東と北の二本の防波堤などとともに建設された。

ヴェルヌはどういう方法で横浜港を描いたのか

では、来日していないヴェルヌが、どうして未踏の地の横浜港を記述することができたのか。

意外なことだが、ヴェルヌは、小説家であると同時に株式仲買人だった時期があった。この小説を書いていたときには、再び株式取引所に勤めていた。株式仲買人は仕事柄、情報収集に強い関心がある。株や債券などの取引には一刻も早い情報の収集と分析が必要だった。情報のなかで仕事をしていたのである。冒険科学小説家としてのヴェルヌも想像力だけに頼るのではなく、最先端の科学的知見、情報を貪欲に収集、吸収した博捜の人だった。

この小説を連載するにあたっても情報収集に努めた。すでに日本を紹介した書物はいく

カルカッタに停泊するイギリスのＰ＆Ｏ汽船の貨客船カーナティック
S.Rabson & K.O' Donoghue '*P&O A Fleet History*' 1988 より
パスパルトゥーが香港から横浜まで乗った船は実在した。1,776 総トン、鉄製汽船。1853 年に進水。6 年後の 1859 年にスエズ湾で荒天のため座礁、全損となった。この小説に登場したときにはすでに失われていた　横浜みなと博物館蔵

ジュール・ヴェルヌ
"Jules Verne,writing the sea",Musée National de la Marine,2005 より　著者蔵

つかあった。これについては、富田仁氏の研究に詳しい。それによると、スイス人のエメ・アンベールの日本滞在記を多く参考にしているという。アンベールは、一八六三（文久三）年四月、スイスの首席全権として日本との修好通商条約締結のため来日し、長崎からオランダ軍艦で横浜に入港した。翌年二月までの日本滞在中の見聞記を「日本」と題してフランスの雑誌『世界一周』に寄稿した。寄稿文は、一八七〇年『描かれた日本』（邦訳『アンベール幕末日本図絵』）としてパリで出版された。この『世界一周』誌は世界各地の探検記、旅行記を図版入りで収録していた。ヴェルヌはここから多くの情報と創作上のヒントを得ていた。横浜港の記述はアンベールに依拠している。

『アンベール幕末日本図絵』（高橋邦太郎訳）では、横浜入港を次のように記している。「広い川口、横浜の海岸の端にある弁天地区Bentenに到着したとき、われわれの乗艦は特に選んで、オランダ公使館の近くに錨を下ろした」

オランダ軍艦は弁天地区の沖合に停泊したのである。ヴェルヌはこの記述を参考にしたのであろう。

《主な参考文献》
富田仁著『ジュール・ヴェルヌと日本』花林書房　一九八四年
新島進編『ジュール・ヴェルヌが描いた横浜』慶應義塾大学出版会　二〇一〇年
高橋邦太郎訳『アンベール幕末日本図絵　上下』雄松堂書店　一九六九・七〇年
「特集　ジュール・ヴェルヌ　空想冒険小説の系譜」『ユリイカ』（第九巻第五号）青土社　一九七七年五月
仏文和訳協力＝三浦敏義

二号ドック建設と現場小僧

長谷川伸著
『自伝随筆　新コ半代記』より

潮留工事は難業苦業だつた、風波に叩きつぶされまた叩き潰され、引ツ組みくやつているその一方に、既にいくらか出来ていた埋立地を、船で土丹岩をはこびはこび築きたてていた。潮留工事は浅羽百蔵が名義人で、呉の水野甚次郎という人が、浅羽を扶けて下請負をやつていた。

（略）

帆船日本丸の横に建つ長谷川伸の文学碑
2013（平成25）年　著者蔵

船渠会社でなく会社側の請負工事監督の人達の中でたつた一人、一番えらい人が怖くなかつた、その他の人はだれも彼もみんな怖いのが揃つていた。怖くないのは恒川柳作という海軍関係の技師で、（略）この人がきて現場をみて歩くときは、他の技師や技手がぞろぞろ多勢ついて歩いた。

長谷川伸著『自伝随筆　新コ半代記』宝文館　一九五六年／初出：『ある市井の徒　越しかたは悲しくもの記録』一九五一年　朝日新聞社、「新コ半代記」一九四八年十一月七日〜十二月五日『週刊朝日』連載

現在、ドックヤードガーデンとなっている第二号ドック　2013（平成25）年　著者蔵

長谷川伸《はせがわしん》（一八八四〜一九六三）は横浜市内の日ノ出町に生まれた。生家の土木業・材木屋の没落で吉田小学校を二年で辞め働き始めた。煙草屋の小僧の後、十歳でドック工事請負人の住込み小僧、翌年、ドック建設の現場事務所の小僧になった。ドックが完成するまでの二年間、野毛二丁目の裏通りから通った。引用した建設中のドックは横浜船渠《せんきょ》の第二号ドックである。

ドライドック

横浜船渠の船渠はドックを指し、第二号ドックはドライドック（乾船渠）である。ドライドックは、陸岸を掘削して入口に扉を置き、排水して船を露出させる施設。ドライドックには船の修理用（修船渠）と建造用がある。

第二号ドックは修船渠である。修船渠にはドライドックのほかに、横断面凹形浮台を浮沈させるフローティングドック（浮船渠）と、水辺の斜面に造った船台に引き揚げる小型船用のスリップウエイ（船架）がある。日本の修船渠の大半はドライドックである。第二号ドックができるまでは、横浜港には船を修理する本格的な施設はなく、横須賀海軍工廠のドックを利用せざるを得なかった。船の修繕施設は、接岸設備、上屋・倉庫などの陸上設備などとともに、港に必要な設備であった。修繕施設の代表はドライドックである。船は安全に航海するため、ドックに入れて定期的に検査することが法律で義務付けられている。また、船体の水面下の修理や塗装などを行う必要がある。世界の主要港には必ずドックがあった。明治期、国際貿易港の横浜、神戸、長崎、函館にもドライドックが建設された。

横浜船渠会社

横浜港は、貿易の進展と入港船の増加で埠頭の建設を急務としていた。

横浜船渠会社は、横浜港にドック建設を構想した、地元横浜の実業家の原六郎、小野光景、茂木惣兵衛、原善三郎、来栖壮兵衛、朝田又七らと、東京湾にドックを計画していた渋沢栄一、吉川泰二郎らが合同して一八九一（明治二十四）年に設立した。ドックの設計はイギリス人技師H・S・パーマー（一八三八～一八九三）に依頼した。パーマーは横浜駅（現在の桜木町駅）に隣接し国道を隔てた内田町、長住町の沿岸海面約三万六千五百坪を埋め立て、ドック三個築造の設計書を提出した。その後ドックは四個に拡張された。

しかし、着工前にパーマーが急逝した。後任にはドック建設の経験豊富な佐世保鎮守府技師恒川柳作《つねかわりゅうさく》（一八五四～一九一四）を適任者として、横浜船渠は海軍に恒川拝借願を出した。しかし、恒川は佐世保一号ドック着工前だったため海軍の正式な許可が得られず、非公式に恒川が余暇を使ってドック建設を監督指揮することになった。恒川は地質調査の結果、ドックを大小二個に変更した。構造は明治期の主流の石造。〝大〟は第一号ドックで全長一六七・八メートル。

横浜港に出入りする外国船、一万トン以上の軍艦も入渠可能だった。〝小〟が第二号ドックで全長約一二八メートル、幅（渠内上部）約二八・八メートル、深さ（渠内）約九・一メートル。最大入渠船三五〇〇総トンで、当時の横浜港に寄港するほとんどの船に対応できた。このため第二号ドックから着工した。

日本のドライドックの系譜

日本最初のドライドックは、一八七一（明治四）年に完成した横須賀製鉄所第一号ドックである。同製鉄所は一八六五（慶応元）年に幕府が造船所建設のためフランス人技術者を招いて設立したものだった。

西澤泰彦氏の明治期のドライドックについての研究によれば、日本のドライドック建設の源流はこの横須賀製鉄所であり、建設技術はフランスから導入された。所長のヴェルニーや建築課長L・F・フロランらの下で働き、また所内に設けられた技術者養成学校黌舎《こうしゃ》で土木、造船、機械などの工学教育を受けた日本人技術者が、その後多くのドック建設を担う。

一八八四（明治十七）年に完成した第二号ドックの工事監督は、黌舎で学んだ恒川柳作だった。恒川はその後、呉、佐世保、舞鶴の各鎮守府のドックを設計・監督し、ドック建設の第一人者となった。浦賀船渠のドックを設計・監督した杉浦栄次郎も横須賀で技術を修得した。フラン

築造中の第２号ドック
1896（明治 29）年頃　横浜開港資料館蔵

第１号ドック建基式当日の船渠築造担当者　1898（明治 31）年２月１日
左から井上、山本、牛島辰五郎、藍沢、恒川柳作、妹尾、池田、山口
横浜開港資料館蔵

ス直伝の技術の系譜である。彼らはいずれも海軍技師であった。明治政府は海軍力の強化を目指し、艦船と軍港の整備拡充に力を入れた。建艦施設とともに修繕施設のドック建設も急いだ。その結果、人材と技術を集積することとなった。第二号ドック建設で、パーマーの後任を日本人から選定するのに一年を要したことでもわかるように、当時ドック建設の技術者は民間からは得難かったのである。このため、恒川のほかにも、呉鎮守府一号ドックを設計した山崎鉉治郎が神戸の川崎造船所のドックを、呉鎮守府二号ドックを設計した逵邑《つじむら》容吉が函館船渠のドックを設計したように、民間ドック建設に携わることになった。国による海軍用ドックが先行し、その技術が商業用に用いられたのである。

また、横須賀のほかに、山崎や佐世保鎮守府三号ドックを担当した吉村長策らのように、東京大学理学部工学科、工部大学校土木科で高等教育を修めた技術者の系譜がある。両者が一緒になって日本のドライドック建設技術は、自立・定着、発展していった。第二号ドック建設はこうした歴史的な背景を持っている。

ドックの現場小僧の仕事

現場小僧は雑用係だ。長谷川伸は事務所では〝新コ〟と呼ばれた。事務所のなかで絶え間なく用を言い付けられた。お茶汲み、現場から人を呼んでくる、弁当を取りに行き、空を返しに行く。手紙を持って市中へ行く、買い物にも行った。煙草、浚渫船《しゅんせつせん》で使う布屑や金具、機械油など。ダイナマイトの雷管もあった。賃金ははじめは月に一円五十銭、後に二円五十銭になった。全部家に入れ、毎月一日と十五日に十銭ずつもらい、歴史読物を買った。

事務所には会計などの事務方と設計担当がいたが、多くは九州人だった。それは、九州の土木業者が工事を請け負っていたからである。新コは「横浜船渠の工事請負人は、代表者の佐賀県人江口貞風と、大串重五郎、土岐頼信との協同仕事」と記憶しているが、江口と大串は佐世保の人である。江口は潮留《しおどめ》工事を、掘削と船渠築造は江口と大串で受注していた。土岐は保証人である。

ドライドックの造り方

新コが働き始めたのは、一八九五（明治二十八）年一月に潮留工事が始まって間もなくの頃だった。潮留工事はドック予定地前面（ドックの入口）の海面に堤防を築いて海水を締め切る最初の工程である。中に粘土を入れた木柱と鉄の堰枠と土堰で築造した。「来る日も来る日も人間が波と風とに作つて《ママ》、海の中に潮留工事を施す凄まじい光景」が続いた。施工で最も苦心するといわれる工事である。

指名入札者に京浜の清水満之助や高島嘉兵衛、原木仙之助、大倉土木組、鹿島岩蔵などのほかに長崎と佐世保の業者を入れたのは、佐世保鎮守府で種々工事をしていた恒川の勧めによるものか。ともあれ、第二号ドックは九州の人の手で行われた。潮留工事の現場を仕切ったのは浅羽百蔵。浅羽は海軍で恒川の部下だった。下請けは呉の水野甚次郎（四代目、水野組、現・五洋建設）。水野は恒川が担当した呉一号ドック建設に地元の神原組で参加した。この時の水野の力量を買って推薦したものだった。恒川は大事な工事に信頼できる人物を配置したのである。工事を急ぐため懸賞金を出して督励し、同年十月に竣工した。

潮留が終わると、海から遠い方（ドックの先端部）から地盤を開削する掘削工事を始めた。満潮面下一一・五メートルまで人力で掘削する。地盤は土丹層で堅硬だった。生じた泥土や岩盤でドック壁周囲を埋め立て、一八九六（明治二十九）年三月竣工した。

撤水夫

次に、掘削終了部分から石材を据え付ける船渠築造工事に移った。石材は現在の神奈川県真鶴町一帯から切り出された小松石（安山岩）。一万五千八百九十一個を購入し、使用した。石積みが始まると、新コは一年余りやった現場小僧から撤水夫に昇格した。月の賃金は三円か三円五十銭ぐらいになった。撤水夫の仕事は、ドック内側の渠壁のブラフ積で据え付けた石に蓆《むしろ》を吊って直射日光を遮り、蓆に水をかけて湿らせておくことである。撤水は目地、裏止めのコンクリートが急速に乾くことによるひび割れを防ぐためである。新コは第二号ドックの石の壁のすべてに撒水したという。

ところで、新コによると「いつごろからだつたか、現場の近くに恒川邸が出来た」という。たぶん一八九六（明治二十九）年四月に恒川が横須賀造船所建築課に異動になり、また五月に、海軍から第二号ドック築造の許可が下りたので、そのあたりの時期か。工事後半、船渠築造工事の頃である。

築造工事は一八九六（明治二十九）年末に竣工し、翌一八九七（明治三十）年一月に神奈川県知事に竣工届を提出した。その後、ドック前海域浚渫、海とドッグを仕切る扉船設置等を経て四月十四日に完成、同月二十六日に、最初の入渠船である日本郵船の貨客船西京丸が入渠した。

第一期築港工事による防波堤、大さん橋（鉄桟橋）に加え、第二号ドックに続く第一号ドックの完成で、横浜港はようやく国際貿易港の姿を整えたといえる。

《主な参考文献》
西澤泰彦著「明治時代に建設された日本のドライドックに関する研究」（『土木史研究』第十九号）一九九九年五月
恒川柳作著「船渠の話」（『造船協会会報』第三号）一八九九年十二月
三菱地所『旧横浜船渠第2号ドック・解体調査報告書』一九九一年
陰山金四郎著『横浜船渠株式会社史稿』横浜船渠　一九三六年頃
三菱重工業横浜製作所『三菱重工業横浜製作所百年史』一九九二年
横浜マリタイムミュージアム『特別展　横浜の造船業』一九九一年
工学会『明治工業史　土木編』一九二九年
藤井肇男著『土木人物事典』アテネ書房　二〇〇四年
大林組『季刊大林　造船所』No.47　二〇〇〇年
五洋建設『五洋建設百年史』一九九七年

横浜船渠とかんかん虫

吉川英治著
『忘れ残りの記』より

ドックの盛況か不況かは、横浜中の景気不景気にまですぐ反映した。会社の正門前に、ふつうの通勤工以外の自由労働者の大群が、毎朝まッ黒に見えるようなときは、一号二号三号ドックとも全部の竜骨台《キール》に入渠船が坐っていて、沖にも入渠待ちの内外船が混んでいる証拠だった。(中略)その臨時雇用の黒い群れは、ハマではかんかん虫とよばれていた。

『吉川英治全集　第四十八巻』講談社　一九六八年／初出:「文藝春秋」一九五五年一月〜五六年十月連載

吉川英治著

『かんかん虫は唄う』より

かんかん虫とは、星の夜に、秋草の蔭で、しおらしい美音をまろばすあの鉦《かね》たたき虫のことではない。

同じく、鉄はたたくが、目も鼻も耳の穴も、まっ黒になって、船のサビ落しをやる労働者の名だ。

『吉川英治全集　第十三巻』講談社　一九六八／初出：『週刊朝日』一九三〇年十月二十六日号〜三一年二月八日号連載

船体の錆打ち
『船と船渠』（竹田明著 1941年）より
ドックで船から下ろした足場板に乗り、船の外板（がいはん）を先が尖ったピッチングハンマー（カンカンハンマー）で一定のリズムで叩いて錆を落とす
横浜みなと博物館蔵

吉川英治（一八九二〜一九六二）は、現在の横浜市南区唐沢の横浜植木株式会社付近で生まれた。父親の事業の失敗で小学校を中退し、十一歳から印章店の小僧や税務監督局の給仕、雑貨商の丁稚などを転々とした。

一九〇九（明治四十二）年、母親のお針仕事の縁で、横浜船渠《せんきょ》の会計に勤めている人の紹介を得て、同社の職工になった。会社の規定のため、十七歳の年齢を二十歳と偽った。『忘れ残りの記』は、晩年に執筆された少・青年期を描いた自叙伝。横浜船渠の項では、横浜船渠船渠部とその現場で働く人々の生態を伝えている。

ドック村

昭和戦前期頃まで、横浜で「ドック」といえば横浜船渠のことだった。

朝七時、正午、零時半、夕方の五時の四回鳴り響いたドックのブー（汽笛）は市民の時計代わりだった。リベットを打つ圧縮空気ハンマーの機関銃のような轟音は、掃部山や御所山まで響き、会社の活況ぶりのバロメーターだった。

戸部や西戸部は横浜船渠に近いので、船渠関係者の住人が多く、ドック村、船渠町といわれるほどだった。賑やかな表通りから一歩奥に入ると棟割長屋が連なり、職工や日雇労働者が多数住んでいた。吉川もこの長屋から歩いて横浜船渠に通った。朝夕はこうした人々で町は活気にあふれていた。横浜船渠の社員、職工、日雇は周辺の商店、飲食店、弁当屋、旅館を潤し、一帯は横浜船渠の城下町の様相を呈していた。

市内随一の大工場

横浜船渠は、横浜港に入港する船の入渠修繕を目的に一八九一（明治二十四）年設立された。原六郎、原善三郎ら横浜の実業家と、渋沢栄一らの東京の実業家が合同して船渠事業を計画したものである。船の修繕施設の乾船渠（ドライドック）や浮船渠（フローティングドッグ）などは、港に必要な構成要素のひとつだった。

一八九六（明治二十九）年末に第二号ドック（長さ約一二八メートル）が竣工し、翌年四月に第一船として日本郵船の西京丸が入渠した。一八九八（明治三十一）年末には第一号ドック（長さ約一六八メートル）が竣工した。翌年五月一日に第一号、第二号船渠の開渠式を行い操業を始めた。第一号ドックには同日、日本郵船の貨客船河内丸が入渠した。二つのドックはいずれも土地を掘り込んで入口に扉船《とびらせん》（戸船《とせん》）を備えた乾船渠である。第二号ドック建設時に、長谷川伸（小説家・劇作家）が現場小僧として働いていた。

横浜船渠は一八九六（明治二十九）年、日本郵船の横浜鉄工所を譲り受け、船渠事業よりひと足早く鉄工業を開始していた。これを機に、日本郵船の船の修理を専属的に行うよ

三菱重工業横浜造船所第一号ドック　1981（昭和 56）年　渠底中央に船を据え付ける竜骨盤木（ばんぎ）が置かれている。ドック後方の扉船の後ろは横浜港。一号ドックには現在、帆船日本丸が係留されている　横浜みなと博物館蔵

うになった。

日露戦争の影響で、外国船を中心に入渠と修繕が増えて、設備不足になったため、一九〇八（明治四十一）年に修繕工事用の係船岸壁である潮入《しおいり》船渠を築造した。さらに、戦後の船舶増加に対応して、一九一〇（明治四十三）年に第三号ドック（長さ約一四四メートル、コンクリート製）を追加し、入渠能力を拡大した。同年には中央倉庫を合併し、倉庫業も開業した。

この時期の入渠船は年間約百隻、五〇数万トンに達した。日本一の貿易港の横浜港にあるという絶好の立地もあり、港に出入りする船の修繕工事の多くを行った。横浜船渠は乾船渠三基

に潮入船渠、機械工場、鉄工場、鍛冶工場、綱具工場などをもつ日本有数の船舶修理工場になった。

従業員は社員約百人、職工約四百人を数え、他に何百人かの臨時工、日雇労働者がいた、市内随一の大工場だった。

それゆえ、横浜船渠の好不況が「横浜中」とはいわないまでも、横浜の「景気不景気に」一定の影響を与えた。吉川が働いていたのはちょうどこの頃だった。

かんかん虫

正門前を「毎朝まッ黒に」する「自由労働者の大群」とは、仕事を求める日雇労働者である。船舶修繕業は仕事量の繁閑の差が大きい。そのため、忙しい時は日雇を増やし、閑な時は雇わなかった。

「臨時雇用」の彼らは、横浜では仕事柄「かんかん虫とよばれていた」。それは「目も鼻も耳の穴もまっ黒になって、船のサビ落しをやる労働者の名だ」(『かんかん虫は唄う』)。「上は腰の曲がったお婆あさんから幼は十四、五歳の少年少女までをふくめてい、かんかん虫には余り屈強な壮者はいなかったようである」(『忘れ残りの記』)。彼らは早朝、ドックのほか、沖に停泊中の船での仕事を求めて波止場に集まってきた。

かんかん虫は港の仕事の一つで、錆《さび》落トシとも呼ばれた。

鉄でできているところは錆びる。錆が進まないように錆打ち、つまり錆落としが必要である。錆はハンマーで叩き落とす。船体にへばりついて、錆落としをする時、ハンマーで鉄を叩くかんかんという音とその姿からかんかん虫（カンカン虫とも表記する）といわれるようになった。ハンマーはカンカンハンマーと呼ばれた。

ハンマーで叩くのは船腹だけではない。船は鉄（正しくは鋼）製のため、いたるところが錆びる。船底や貨物倉、ボイラー、石炭庫、煙突など錆の出るところが彼らの仕事場である。「お

海から見た最盛期の横浜船渠　1930（昭和５）年頃　写真左手奥が第一号ドック、「ＹＤＣ」と書かれた機械工場の右隣は第二号ドック、中央は第三号ドック。写真右手の船台では大型貨客船を建造中　横浜みなと博物館蔵

よそ船鼠の出入りするような個所へは、どこへでも仕事に追い込まれた」（『忘れ残りの記』）。狭いところも多い。このため主に少年、もしくは小柄な人が就労した。しかしながら、一日中ハンマーを叩くのは重労働である。船内の清掃は少年や女性が従事した。この仕事も含めてかんかん虫と呼ぶことがある。どちらも仕事が終わる頃には、錆や煤、塵、粉炭で顔も手足も真っ黒になった。

　同じ錆落としでも横浜船渠会社の常雇《じょうやとい》の職工はかんかん虫とはいわず、錆打工《さびうちこう》と呼ばれた。錆打ちは職工の仕事の一部であった。

船渠部の仕事

『忘れ残りの記』では、吉川は配属先を船具部としているが、『三菱重工業横浜製作所百年史』をみると船具部はなく、船渠部のようである。では、船渠部は何をするところか。これについては『忘れ残りの記』に詳しい。

「機械部、電気部、製罐《かん》部などの各職部門では、最下級の雑役部といってよく、体さえ強健ならば素人でもすぐ役に立つ部門らしい。しいて技術的な仕事といえば、船内船腹の塗工ぐらいなもので、そのほか、入渠船舶の出し入れ、船内船底の錆落し、製罐工などの足場懸け、ドック掃除、沖仕事、およそあらゆる入渠船舶の雑役」が船渠部だった。船渠部の職工はかんかん虫がやらない危険な仕事をする「会社常雇のA級かんかん虫」だった。つまり、日雇のかんかん虫より過酷な労働者ということになる。

ところで、吉川によれば、船渠部の職工は独特の服装をしていた。靴の代わりに木靴を履いていた。杉材を鉈《なた》や小刀で足に合わせて削り、底の部分を作る。上部はズック（帆布）製。木の底とズックはブリキ板を帯状に切って鋲《びょう》で留めた。最後に防水用に油脂をたっぷり塗る。材料はドック内から集めてきたものばかり。職工は木靴で、入渠中の船の傾きを防ぐツヅ丸太の上を行き来し、高さ十メートルのドック内の揺れる足場板で錆打ちや塗装などの作業をした。

この木靴とペンキで服も帽子も乾漆のようにゴワゴワになった身なりは、一目で船渠部の職工とわからせた。吉川は『忘れ残りの記』のなかで、彼らを「木靴の仲間」と呼んだ。

船渠と信仰

毎日危険と隣り合わせで仕事をしている船渠部の職工は、信仰深かった。けがをすればたちまち生活は窮乏し、女房子どもは路頭に迷う。気が荒く命知らずに見えるが、人知れずお守りを肌身につけていた。

横浜船渠は昭和恐慌期の一九三五（昭和十）年に三菱重工業と合併して三菱重工業横浜船渠になる。その翌年、会社の繁栄と従業員の安全・幸福の守り神として、三菱を興した岩崎家ゆかりの土佐稲荷神社が所内に分祀された。土佐稲荷は、高知藩（旧土佐藩）の大阪・土佐堀の藩邸内の九十九《つくも》商会を岩崎彌太郎が一八七一（明治四）年に譲渡された際、蔵屋敷の鎮守社であった土佐稲荷を岩崎家の守り神として引き継いだものである。倉庫部は伏見稲荷を祀っていたが、この時、合祀されたという。

従業員は毎朝お参りして仕事に取りかかった。二月の初午祭には各部長や組合代表、職場の安全主任が集まり祈願した。これとは別に、修繕部船渠課の建物内にはお不動さんのお社が祀られ、毎日安全祈願をしていた。土佐稲荷は、みなとみらい21事業に伴う工場移転の際に、本館屋上から金沢工場に遷され、現在は金沢の本館前庭にある。

『かんかん虫は唄う』

冒頭で引用した『忘れ残りの記』に対応する小説『かんかん虫は唄う』の書き出しの部分を紹介しよう。主人公は、十四歳のかんかん虫のトム公。貧民長屋の同胞を引き連れて、顔の利く横浜船渠へ仕事をもらいに行く場面である。

「彼のいちばんお花客《とくい》先は、横浜の船渠《ドック》会社であった。まだ菜っ葉いろの職工さえその門に見えないうちに、全市のかんかん虫は煙のように高い煉瓦塀の下に蝟集《いしゅう》する。わらじ、ボロ靴、ゴム足袋、木靴、洋装、和装、裸装、あらゆる労動《ママ》的色彩が睡眠不足な蠢《しゅん》動《どう》をしている。女は女でかたまり、男は男でかたまっている。鉄の門には、まだ朝霧がふかい。結核性な匂いをもつ青白い瓦斯《がす》燈が、ほそい眼をして、いつもそこに簇《むら》がる夥《おび》しい《ただ》求食者の群を見下ろしている。」

吉川英治は一九一〇（明治四十三）年、第一号ドックに入渠中の貨客船信濃丸の船体塗装中に足場もろとも渠底に落下し、人事不省となった。だが、奇跡的に助かった。そしてその年の暮、横浜船渠を辞め上京した。作家になった吉川は、横浜船渠での経験をもとに一九三〇（昭和五）年、『かんかん虫は唄う』を執筆した。

《主な参考文献》
三菱重工業横浜造船所『横船の思い出　上』一九七三年
三菱重工業横浜製作所『三菱重工業横浜製作所百年史』一九九二年
三菱重工業横浜製作所修繕部『修繕船事業一〇〇年のあゆみ』一九九二年
三菱重工業横浜製作所『記録と記憶が語る　横製の匠』二〇一三年

桟橋、鉄桟橋、大さん橋

「棧橋」より
森鷗外著

棧橋が長い長い。

四筋の軌道が、縦に斜に切つてゐる鐵橋の梁《はり》に、長い桁《けた》と短い桁とが、子供のおもちやにする木琴のやうにわたしてある。靴の踵《かかと》や下駄の歯を噬《か》みさうな桁の隙から、所々に白く日の光を反射してゐる黒い波が見える。

（略）

夫の乗られる筈《はず》の佛蘭西《フランス》船は桟橋の一番端の右側に着いてゐる。

桟橋の上に、電車の線の修覆をする時に使ふやうな臺が据ゑてあつて、それから舷《ふなばた》へ横に梯《はしご》がわたしてある。

『森鷗外全集　1』筑摩書房　一九七一年／
初出：『三田文学』第一巻第一号　一九一〇年五月

海岸通から見た鉄桟橋　1900～1910年頃
桟橋の杭が櫛の歯のように見える　横浜みなと博物館蔵

「桟橋」は、一九一〇（明治四十三）年五月発行の『三田文学』創刊号に掲載された森鷗外（一八六二～一九二二）四十八歳の時の小品である。伯爵夫人が、横浜港の桟橋からフランス船でロンドンへ赴任する夫を慎ましく見送る様子を描いている。鷗外はその年の三月五日に、旧主筋にあたる生地旧津和野藩の藩主の孫、伯爵亀井茲常《これつね》の洋行を横浜で見送っていた。

引用の「桟橋が長い長い。」で始まる文章は小説の冒頭の部分。このフレーズは文中五回繰り返され、文章全体にリズムと詩情を与えている。もちろん、夫との長い別離の時間を象徴するものでもある。桟橋は大さん橋である。

桟橋の構造

実際、大さん橋は長かった。総長は五六二・四メートルもあった。船が着く桟橋本体は四五七・二メートル、幅一九・一メートル。当時の大型船（四〇〇〇トン、長さ約一〇〇メートル）が片側に三隻ずつ計六隻同時に着岸できるよう設計された。夫が乗船する船は桟橋の一番端、先端に着いているので長い距離を歩く必要があった。「桟橋が長い長い。」は実感でもある。

大さん橋は横浜港最初の築港工事で二本の防波堤などとともに建設された。全体の設計はイギリス人技師H・S・パーマーだが、工事の途中でパーマーが死去した後の監督は、内務省臨時横浜築港局技師の石黒五十二。大さん橋の監督は同局技師三田善太郎。一八九二（明治二十五）年十一月十二日に着工し、一八九四（明治二十七）年三月三十一日竣工した。桟橋は船を接岸させて係留する施設。同じ接岸施設の岸壁が土地の一部なのに対して、桟橋は海中に杭を打ち込み、その上に梁と桁を渡して床を張った構造である。一般には海岸線から突き出て造られることが多い。大さん橋もイギリス波止場の延長線上に海岸から突き出した形で造られた。

スクリューパイル

杭の材質は松や檜などの木材が最も多く使われていた。木杭は入手しやすく経済的な工法だった。十九世紀中頃からはアイルランド、イギリスを中心とするヨーロッパ及びその植民地で、スクリュー付き鉄製螺旋杭（スクリューパイル）が鉄道などの橋梁基礎や灯台、桟橋などの施工に使われ始めた。スクリューパイルは、鉄杭の先端に鋳鉄製のスクリュー翼を取りつけたもので、スクリュー翼は螺旋鞋《くつ》、螺旋沓《くつ》とも表記した。螺旋のくつを履かせた杭である。スクリューパイルは耐荷重が大きく、水中基礎建設に適していた。捻《ね》じ込まれたスクリューでより大きな支持力を得ることができた。

檜の板が張られた桟橋　1900～1910年頃
横に延びる鉄道レールがあるため、桟橋の檜板の床面は木琴のようにも見える
横浜みなと博物館蔵

陸側から海に向かって延びる桟橋　1900～1910年頃
桟橋上には鉄道が5線引かれている。船には乗下船用のギャングウエイ(渡橋)が架かっている。「桟橋」では梯（はしご）と書いている　横浜みなと博物館蔵

日本でも一八七〇（明治三）年の大阪の高麗《こうらい》橋から武庫川鉄橋、長良川鉄橋などに使用された。海中工事では一八七五（明治八）年の羽根田灯台が最初で、桟橋では翌年の神戸鉄道桟橋、次いで一八八四（明治十七）年の神戸桟橋会社の小野浜鉄桟橋（東桟橋）がある。

パーマーは築港計画書（『横浜築港誌』所収）で、大さん橋は神戸東桟橋をモデルにして、大きくしたものと述べている。神戸東桟橋は全長一四九・八メートル、幅一二・八メートルで、三線の軌道が敷設されていた。パーマーは他のイギリス人技術者同様、高価ではあるが母国のイギリスで実績がある信頼性の高い工法を選択したのである。大さん橋はスクリューパイルによる桟橋の大規模工事の最初のものであった。その後、一九〇三（明治三十六）年完成の大阪港大桟橋、一九〇七（明治四十）年の名古屋港桟橋が続いた。

スクリューパイルは、コンクリート杭の使用と杭の打設の蒸気機関による機械化が始まる明治末以降、あまり使われなくなった。横浜港第二期工事で大正初期に大さん橋が拡築された際、桟橋の強度を増すために両側は鉄筋コンクリート円筒構で補強された。

木琴のような桟橋面

陸側の桟橋連絡部は長さ一〇五・二メートル、幅一一・九メートル。鉄杭一列三本、二十二列。船を係留する桟橋本体は鉄杭一列五本、百一列。水深七・九メートル。使用した鉄杭は計算すると五百七十一本になる。イギリス・グラスゴーのバーロウ・フィールド鉄工所製。鉄杭間の距離は縦横ともに四・六メートル。鉄杭（橋脚）の長さは水深により一六・五メートルから一九・二メートルで、四種類の鉄管（鉄柱）を水深により六本接続して使った。鉄管は鋳鉄製で外径は三〇・五センチ、管の肉厚は三・二センチ、スクリューの刃の直径は一・五メートル。

スクリューパイルの捻じ込みは、まず、陸側仮設足場にフレームを組み、そこに取り付けた二股クレーンで杭を所定の位置におろす。陸側足場には神楽桟という回転輪を二つ、あるいは陸側と船を使った海上足場に一つずつ設置する。杭を捻込車（回転輪）中央にセットし、捻込車の外側の溝に二か所の神楽桟のロープにつなぎ、神楽桟から突き出た四本の棒を人力で押して回転させ、杭を海底に捻じ込んだ。

桟橋を断面で見ると、杭頭にI型鉄材（梁）を載せ、その上に檜桁、そこに幅一五・二センチ、厚さ一〇・二センチの檜板を張っている。板と板との間は二・五四センチの隙間がある。それが「下駄の歯を噛《か》み」そうであり、そこから海の「黒い波」が見えるのである。「四筋の軌道」は鉄道のレールである。鉄道敷設は当初から計画されていた。海陸を連絡する桟橋と鉄道の二つが相まって貿易貨物の輸送がスムーズになるとしていた。桟橋から横浜税関と日本郵船横浜支店の前面に沿って海上を通り、大岡川河口から横浜駅までの小型鉄道である。しかし、回漕業者や日本郵船などの海運関係者と横浜市長の反対で、鉄道は桟橋と税関構内間にとどまった。桟橋本体で四線（後に五線）の軌道は基部で二線に集約されるため、軌道が途中で「縦に斜に切つてゐる」のである。また軌道があるので、檜板は長いところと短いところができ、「長い桁と短い桁と」を「木琴のやうにわた」すことになった。

鉄道といっても使われたのは平台に車輪を付けた手押しの貨車である。一台の積載量は約一・五トンだったという。横浜税関が有料で貸出した。

なお、桟橋の工事費は築港費全体の約二割で三十五万四百五十九円。この内、桟橋架設には二十八万八千七百七円を要した。

大さん橋という名称

桟橋の名称はいろいろ使われていた。単に桟橋とするものが多いが、鉄螺旋杭を構造としているので公式の工事記録の『横浜築港誌』（一八九六年）では鉄桟橋を使っている。また、桟橋工事の主管を務めた技師の三田善太郎が、『工学会誌』（一八九五年三月）に掲載した工事報告のタイトルは「横浜鉄桟橋」である。桟橋の使用開始を報じる一八九五（明治二十八）年四月二日付け毎日新聞は「横浜築港鉄桟橋」としている。正式には「横浜税

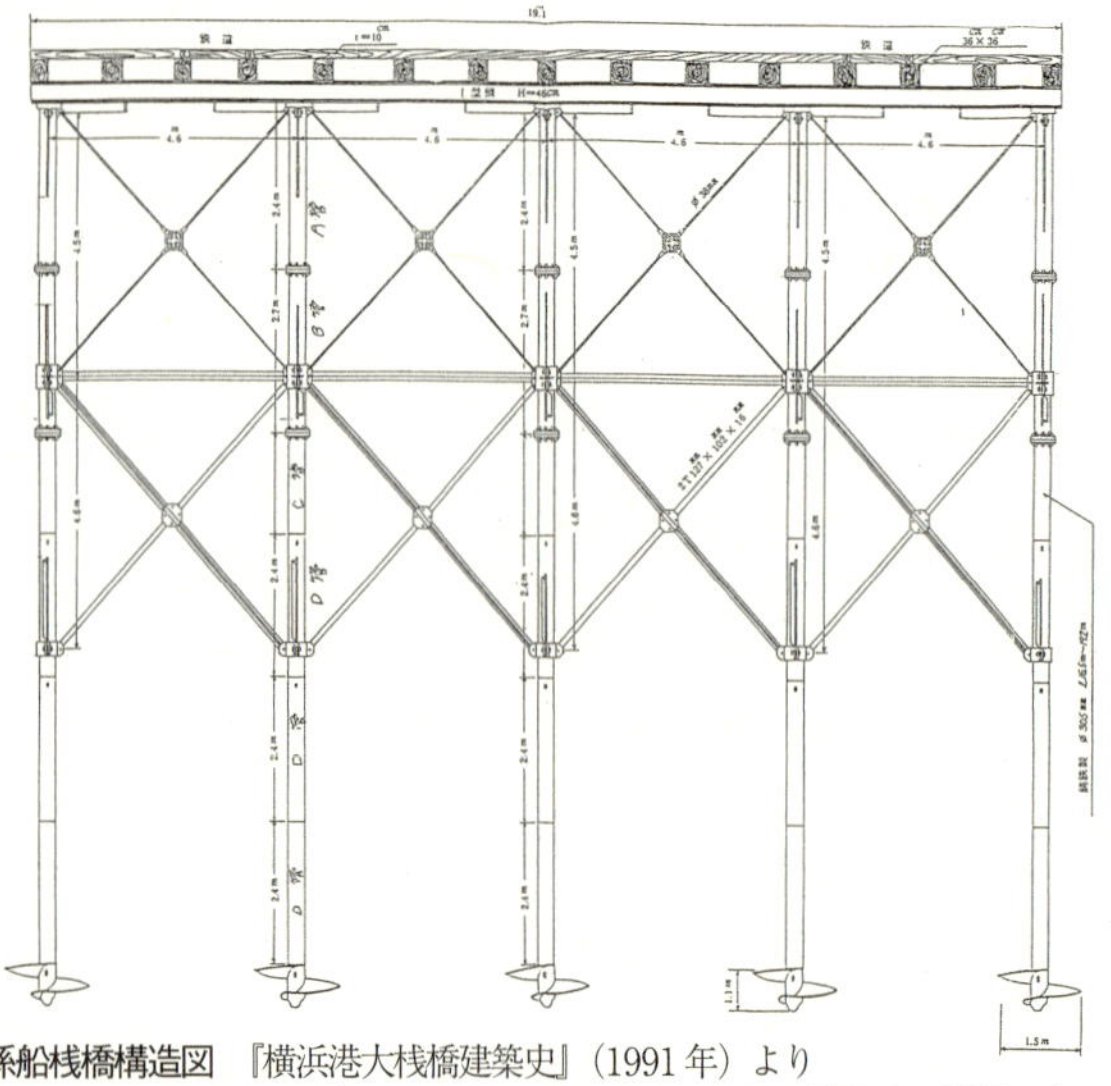

係船桟橋構造図　『横浜港大桟橋建築史』(1991年) より
スクリューパイルの上端から4.6メートル間隔に2段の綾構造で縦横両方に固定している。スクリューパイル頂部にI型鉄材、その上に檜桁、そこに檜板を張っている　横浜みなと博物館蔵

大さん橋再整備事業で引き抜かれたスクリューパイル
1993（平成5）年　関東大震災復旧工事で使用されたもの。スクリューパイルは再整備工事ですべて撤去された。横浜みなと博物館蔵

関桟橋使用規則」（一八九五〈明治二十八〉年四月一日公布）があるように横浜税関桟橋のようだ。

大桟橋の名称の起源ははっきりしない。早い例では、一九二四（大正十三）年に内務省横浜土木出張所が発行した『横浜港震災復旧工事概要』で使用している。一九三三（昭和八）年以降になると内務省や横浜市土木局の出版物に山下町桟橋とともに見られるようになる。同時期の横浜の観光パンフレットでも大桟橋が使われるようになるので、広く大桟橋と呼ばれるのはこの頃であろう。

大さん橋という表記は、一九五一（昭和二十六）年六月に、横浜市が横浜港の管理者になるあたりからである。同年二月の「横浜市港湾施設使用条例施行規則」や翌年三月の「横浜市ふ頭事務所規程」に見られる。

舞姫と鷗外と横浜

ところで、横浜港は鷗外にとって感慨深いところであった。二十二歳のときドイツ留学に旅立った地であり、四年後の帰国直後のベルリン時代の恋人の来日、いわゆる「エリーゼ事件」の舞台ともなったからである。

一八八四（明治十七）年八月二十四日、陸軍二等軍医の鷗外・森林太郎（本名）は陸軍

省派遣留学生として横浜港から医学研究のためドイツに発った。このときはまだ大さん橋がなく、西波止場から艀で沖のブイに停泊中のフランスのメサジュリ・マリティムの客船メンザレエ（一九一二総トン）まで行って乗船した。香港でヤンテ（三八〇三総トン）に乗り換えマルセーユへ。そこで下船して陸路ベルリンに向かった。そして、四年後の一八八八（明治二十一）年九月八日、ヨーロッパの最新の医学、衛生学、そして文化、思想を携えて、メサジュリ・マリティムのアバ（三三六一総トン）で横浜港に帰着した。

二年後、留学中の体験をもとに小説『舞姫』を執筆する。ベルリン留学中の日本の若きエリート官僚と踊り子エリスとの悲恋を描く鷗外初期の代表作である。この踊り子のモデルと目されるドイツ人女性が、鷗外を追って来日したことはよく知られている。ベルリン留学中の恋人エリーゼ・ヴィーゲルトである。鷗外帰国の四日後横浜港に着いた。エリーゼの滞在は三十五日に及んだが、鷗外の将来を心配する人々の説得を受け入れ、帰国する。鷗外には良家との縁談があった。エリーゼ帰国当日の十一月十七日朝七時半、横浜港の西波止場から鷗外と弟の篤次郎、交渉に当たった義弟の小金井良精《よしきよ》に伴われて、エリーゼは艀で沖合のドイツ船に向かった。船は午前九時に出港した。「エリーゼ事件」はこうして終結した。

エリーゼが乗船したのは、来日時と同じ北ドイツロイド汽船の客船ゲネラル・ベルダー

(三〇二二総トン)である。同社が一八八六(明治十九)年に横浜まで航路を伸ばすときに、大西洋航路から配船替えした一隻である。メサジュリ・マリティム同様、同社も極東航路のうち香港~横浜間はまだ支線で、欧州へは香港で乗り換える必要があった。エリーゼは香港でネッカー(三一二二総トン)に乗り換えて帰国の途に就いた。

鷗外は後に横浜市歌を作詞する。一九〇九(明治四十二)年の横浜開港五十年記念に横浜市から依頼されたものである。詞について鷗外は「横浜今昔の有様を平易にしたもの」と述べている。同年七月に、大さん橋の東側に建設中の新港ふ頭で開催された開港記念五十年記念祭に参列し、初めて自ら作詞した市歌の演奏を聴いた。

なお、「木琴」のような大さん橋の床面は、関東大震災の復旧工事で鉄筋コンクリートに変わった。

《主な参考文献》
三田善太郎著「横浜鉄桟橋」(『工学会誌』一五九号)工学会 一八九五年
臨時横濱築港局編『横浜築港誌』一八九六年
運輸省第二港湾建設局京浜港工事事務所『横浜港大桟橋建設史』一九九一年
五十畑弘著「鉄製杭基礎とスクリューパイルに関する歴史的調査」(『土木学会論文集』No.七四四/Ⅳ-六〇)土木学会 二〇〇三年十月
県立神奈川近代文学館・神奈川文学振興会『森鷗外展』二〇〇九年 図録

港内物売り事情――沖売ろう

葉山嘉樹著
「波止場の一日」より

メリケン波止場には、巨大なホテルに似た二艘の客船と、一艘の倉庫に似た荷物船がついてゐた。

どの船も出帆旗を掲げてゐた

（略）

グランド号には、船尾にデッ

キパセンヂャーが、多分ホンコンか上海辺からだらう、沢山乗り込んでゐた。

フィリッピン人、支那人、印度人など。

波止場には、それ等のデッキパセンヂャー相手の「沖売らう」達が、沢山店を並べてゐた。


『葉山嘉樹全集　第二巻』筑摩書房　一九七五年／初出：『週刊朝日』一九二九年七月二十一日号

大さん橋に停泊中の貨客船から見た港内　1930年代
象の鼻の向こうに県庁と税関が見える。甲板には船員の姿がある。横浜みなと博物館蔵

葉山嘉樹《はやまよしき》（一八九四〜一九四五）は、二十歳の時、放蕩生活に見切りをつけて、船乗りの口を探しに横浜に来た。そして、三年後に室蘭〜横浜航路の石炭運搬船の三等セーラー（水夫）になった。乗船までの横浜での生活と乗船中の経験が、その後の葉山の小説の核を成している。葉山にとって横浜は、作家としての原点の場所である。

葉山の船員を主人公にした小説には、船乗り言葉が頻繁に出てくる。短編「波止場の一日」には、今では見られなくなった港内の船相手の物売り商売、「沖売ろう」が出てくる。

デッキパセンジャー

掲出の文章は、石炭船室林丸のセーラーの波田が、久しぶりの上陸でメリケン波止場に来たところである。メリケン波止場とは大さん橋のことである。

大さん橋には客船二隻と貨物船一隻が泊まっている。三隻とも出帆旗を揚げているのでもうじき出港する。出帆旗は、青地の中心が白い方形の国際信号旗のP旗のこと。出帆しようとする船は、P旗を出帆二十四時間前から前のマストに掲揚する。「本船将に出港せんとす。総員帰船せよ」の意味。船乗りは出帆旗を、語呂がいいので擬人化してブルー・ピーターと呼ぶ。

グランド号は、小説ではアメリカのロイアルメイルの船ということになっているが、この名の船会社はない。この時期、北太平洋航路のアメリカ客船はダラー・ラインとその傘下のアメリカン・メイル・ライン。いずれも船名にアメリカ大統領の名前を冠し、煙突には$のマークを付けていた。後者の運航船に一九二一年建造のプレジデント・グランドがあるが、これが小説のグランド号かどうかはわからない。

さて、グランド号にはデッキパセンジャーが乗っている。デッキパセンジャーを直訳すれば甲板船客。客室を取らず甲板上に起臥する最低の運賃の船客である。食事は船が出すこともあったし、船客が自炊することもあったが、寝具は船客が持参した。北太平洋航路ではアメリカに向かう中国人の移民や労働者が利用した。

日本人移民は日本船の三等船客で渡航した。横浜港は一九二四（大正十三）年に日本人のアメリカ移民が禁止されるまでハワイ・北米移民の送り出し港だった。葉山が横浜にいた頃は北米移民が盛んだったが、小説が発表された時期は、横浜からの北米移民はすでに途絶状態だった。

沖売ろう

港で沖泊まりの船が多かった頃、船が入港すると、船にはいろいろな人がやってきた。検疫所や船会社、代理店などのほか、船具・食料品納入業者、荷役作業員、旅館の番頭、洗濯屋、物売りなど。船員の部屋にも借金取り、散髪屋、飲み屋の女、カフェの女給、保険の勧誘員、下船中の船員、そして物売りが押し掛け、あっちこっちでがやがやと賑やかになった。下船中の船員は失業中で、乗船中の船員に小遣いをもらい、食事をご馳走になるためにやってくるのである。

物売りは沖売りといった。葉山は『海に生くる人々』で、「沖売らう――船へ菓子や日用品を売込みに来る小売商人」と説明している。「沖売らう」（沖売ろう）は沖売りのことである。沖売りは、港内に泊まっている船へ小船で漕ぎ着けて、あるいは着岸している船に乗り込んで、甲板上や船員の部屋に品物を並べて、船客や船員に物を売る商売である。扱う品物は幅広く、船員が被る帽子から日用品や食料品、衣類から絹織物、陶磁器、細工物など、ないものはなかった。港内出張コンビニエンス・ストアであり、スーベニア・ショップだった。値付の高い物が多かったが、船客も船員たちも利用した。

引用部分の後段は、沖売ろう（沖売り）が大さん橋の岸壁に様々な品物を並べて、デッキパセンジャーに売っているところである。

「市中の銭湯に書いてある富士山と同じやうな富士山が、化粧品の蓋や、その他何にでも書かれてあつた。シャツ、靴下、ワイシャツなどは、港以外の日本中を探しても見付からない種類の輸出向きのものだつた。

サイダー、ミルク、梨、林檎、スリッパなどが並べてあつた。」

何人もの沖売りが、通俗的な柄の土産品や衣類、それに飲み物、食料、日用品などを商っている。

沖売りは、その名の通り沖の船に出かけて行って物を売るのが本来の商売だが、この小説にあるように桟橋や埠頭に店を開くこともあった。これは正規なことではないが、慣習で税関や水上警察署から大目に見られていた。

バンボート

こうした船相手の物売りは、昔から世界のどこの港でもあった。

英語ではバンボート Bumboat という。もともとは十七世紀にテムズ河で停泊中の船に出かけ汚物を取り除いていた小船が、そのうちに船員に野菜などを販売したことによる。それが、船員向けの物売り船、停泊中の船に飲食物や雑貨を売って回る小船を指すようになった。バンボートも沖売りの仲間である。

香港のバンボートの様子を、取材で大阪商船の南米移民船らぷらた丸でブラジルへ向かう石川達三は、次のように描写している。

「小舟をラ・プラタ丸の横っ腹にくっつけて、ロープを手繰《たぐ》ってスルスルと上って来る。

停泊中の客船の甲板上に品物を並べて外国人船客に売る沖売り
『乗船案内　郵船図絵』（『風俗画報』増刊　1901年）より
横浜みなと博物館蔵

客船の甲板で物を売り歩く沖売りの少年　『乗船案内　郵船図絵』（『風俗画報』増刊　1901年）より　横浜みなと博物館蔵

そして早速デッキに店を開く。汚い食物、細工物、雑貨類、これを追い払うのが移民の中から選抜された、青年会各種役員の仕事だ。中には日本商人も大勢いて、シナ人を手先に使って商売をやる。時計、宝石、等々を。甚だしきに至っては、小舟の中のシナ人が、竿の先に籠をつけてデッキへ品物をつき出す。受取って金を入れると竿を引っ込める。」(『最近南米往来記』一九三一年)。

外国の港のバンボート、沖売りの実体がよくわかる。沖売りを歓迎しない船もあったようだが、追い払われながらも商売する沖売りのしぶとさが見て取れる。

船客や船員にとっては、港々の物売りは忘れられない異国の情景でもあった。

港の古い商売

沖売りは江戸時代からあった。港に停泊中の廻船の船乗りや渡海船の船客に、小船で酒、肴などを売って回った。沖売り専門にする伝馬船を沖売伝馬《おきうりてんま》といった。沖売りは煮売船《にうりぶね》の一種である。煮売船は、大坂や江戸などの廻船の出入りの多い港や乗合船などの航行の頻繁な河川で、船乗りや船客を相手に飲食物を売り回る小船。船内にかまどを設け煮炊きして、酒や餅、田楽などを売った。俗に売売船《うろうろぶね》、商船《あきないぶね》ともいう。売売船は、廻船の間をうろつき回って船乗り相手に商売するのでこの名があるともいう。

よく知られている煮売船に、京と大坂を結んだ淀川の三十石船の船客相手に酒や飯、餅、汁を売るくらわんか船がある。枚方あたりで、行き交う船に「飯くらわんかい。酒のまんかい。」と叫びながら漕ぎつけ、舷側に船をつないで航行しながら商った。この「くらわんか」という乱暴な売り言葉が名前の由来である。『東海道中膝栗毛』にも登場する。

さて、沖売りは横浜港では開港とともに出現した商売だった。例えば、一八七〇（明治三）年に横浜港に着いたアメリカ人青年教師W・E・グリフィスは、船が停泊すると沖売りと両替人がやってきたと、書き留めている。

「日本人の小舟の持ち主が港に入ってきて、みかんなどアジア人にのみ貴重ないろいろな食料品の商売を活発にやっている。大きな干し柿はしなびているが長さ四、五インチもあり、酒といっしょによく売れる。横浜に多い中国人の一組が上陸を望む人に忙しそうに小銭を用立てている。日本の天保銭、鉄と銅の鐚銭《びた》とアメリカのダイム銀貨、グリーンバック〔アメリカの紙幣〕、メキシコ銀貨が交換される。」（W・E・グリフィス著『皇国』第二部、一八七六年、邦訳『明治日本体験記』山下英一訳、平凡社）。

売っていたのは飲食物であったが、内外入港船の増加と購買者の需要から販売品目は増えていった。

艦船行商

沖売りは何でも売った。日用品や食料品、下着、土産物、絹織物などないものはなかった。外国船の船客や船員には日本の陶磁器や漆器、絹織物、寄木細工、鎧、法被などが珍重された。しかし、ともかく売らんかなという意識ばかりが強く、法外に高い物が多かった。あるいは最下等品を中等の値段で売った。また一方で、廉価品も多く、それが外国人には不良品の印象を与えていたという。なかには壊れた物や粗悪品を売る者も現れた。このため、一八九〇（明治二十三）年、神奈川県は艦船行商取締規則を定めた。横浜港に停泊する軍艦や商船に行って営業をする者は、横浜水上警察署の取締監督下に置かれ、水上警察署の免許を受けなければならなくなった。営業の種類は物品の売買、物品の修理・製作、両替、洗濯である。使用する船には水上警察署の検印を受けた旗を船尾に掲げることになった。営業する者とその使用人及び船夫には、営業中に水上警察署烙印を受けた標札の携帯を義務付けた。また、船側が営業を認めない場合は乗船できなくなった。

一九二五（大正十四）年の横浜水上警察署の調査では、艦船行商を営む者は約四百六十人。このなかには中国人もいた。営業品目別では、沖売ろうにあたる美術品、雑貨、食料品その他日用品の携帯販売が圧倒的に多く約三百五十人、物品の製作修繕約六十人、両替約三十人、洗濯約十人、理髪約十人。理髪は後から追加された業種である。取締規則の制定により、沖売りは法律上、艦船行商という名称になった。

艦船行商は乗船、離船の時は税関の携帯商品の検査を受けなければならない。しかし、外国船内でこれを守らず、密輸入と見られることをする者もあり、営業者としての自覚が乏しい者もいた。長年の習慣はすぐには改まらないのである。一方で、沖売りのなかには、船に乗り遅れた船員を泊めたり、けがをしたり体調を崩した船員の世話をする者もいた。港内の船にはなくてはならぬ商売だった。

艦船商工業

昭和二十年代末、横浜港で船を相手のスーベニア商、靴洋服商、船用食品販売者、クリーニング屋、船内清掃事業者等の艦船行商等をする者は二百数十人、従事者は千七百〜千八百人といわれた。こうした事業者乱立は過当競争と不正行為などを発生させた。横浜港の管理者になった横浜市は、一九五五（昭和三十）年に港内の秩序維持のため、横浜港艦船商工業条例を制定し、横浜港に入港する船舶に船用品の供給やサービスの提供を行う業者を登録制、後に更新制にした。一九七二（昭和四十七）年の登録状況は、物品販売業二百二十二人、物品修繕業二人、不用品等の回収業九十九人、理容業三人、クリーニング業五人、計三百三十一人、従事者五百四十四人だった。
一九七〇年代後半以降に本牧ふ頭、大黒ふ頭などが建設され、港湾施設は整備が進み、沖に停泊する船は大幅に減少した。また、事業者も集約化され、各団体に組織化された。その結果、一九八三（昭和五十八）年、条例はその目的が達成されたため廃止された。今、港に船を回る物売り船の姿はない。

《主な参考文献》
海員史話会著『聞き書き　海上の人生　大正・昭和船員群像』農山漁村文化協会　一九九〇年（人間選書152）
広野八郎著『華氏140度の船底から（上）（下）』太平出版社　一九七九年
石井謙治著『和船Ⅱ』法政大学出版局　一九九五年（ものと人間の文化史七六―Ⅱ）
横浜商業会議所『横浜港ノ現勢』一九二六年
白話社編『横浜港二十年の歩み』横浜市　一九七三年
佐波宣平著『海の英語　増補版』成山堂書店　一九九五年
Peter Kemp *'The Oxford Companion to Ships and the Sea'* Oxford university press,1994

船員の求職活動とボーレン

その柱には「海員御下宿」と書いた小さな看板がブラ下げてあつた。

（略）

インチキボーレンに飛び込んだら、ケツの毛まで捗られるよ。わたしんとこぢや、そんなこたあないからね。

葉山嘉樹著『海と山と』より

『葉山嘉樹全集　第三巻』筑摩書房　一九七五年／初出：『書きおろし長編小説叢書　第十巻』河出書房　一九三九年

葉山嘉樹著

『海に生くる人々』より

彼は、翁町の、彼が泊りつけのボーレンの、サンパンの繋がれる場所へ、その伝馬を繋いだ。

『葉山嘉樹全集　第一巻』筑摩書房　一九七五年／初出：一九二六年十月改造社より単行本として刊行

横浜港内に停泊する客船や貨物船　1930年代
中央は北米航路客船大洋丸　横浜みなと博物館蔵

葉山嘉樹（一八九四～一九四五）は、船乗りになろうと横浜に来て、二十三歳で石炭運搬船の水夫になった。船員になるために頼ったのが船員下宿、ボーレンだった。『海と山と』は自伝的長編。船員志望の畠山が花咲町のボーレンに寝泊まりして、乗船の機会を待ち、船員になるまでの一部始終を描いている。引用は冒頭のボーレンに下宿する場面。『海に生くる人々』は葉山の代表作であり、日本プロレタリア文学初期を代表する長編。引用したのは、石炭船運搬船を脱出した水夫の三上が、翁町の馴染みのボーレンに転がり込むところである。

船員になるには

葉山は早稲田大学高等予科に入学したが、高等予科に行かずに放蕩の末、船員になった。船員の教育機関には行っていない。船員の学校に行かなくても船員になれたのである。

明治・大正期の船員の教育、養成機関は、東京と神戸の高等商船学校、全国に十一校あった公立商船学校、ほかに日本海員掖済《えきさい》会の海員養成所があった。海員掖済会は、一八八〇（明治十三）年に設立された海員の寄宿、乗船媒介、養成のための公益団体である。商船学校は船長や運転士（航海士のこと）、機関長、機関士などの海技免状を取得できた高等船舶職員の教育機関。海員養成所には海技免状をとることができる高等海員養成所と普通海員養成所

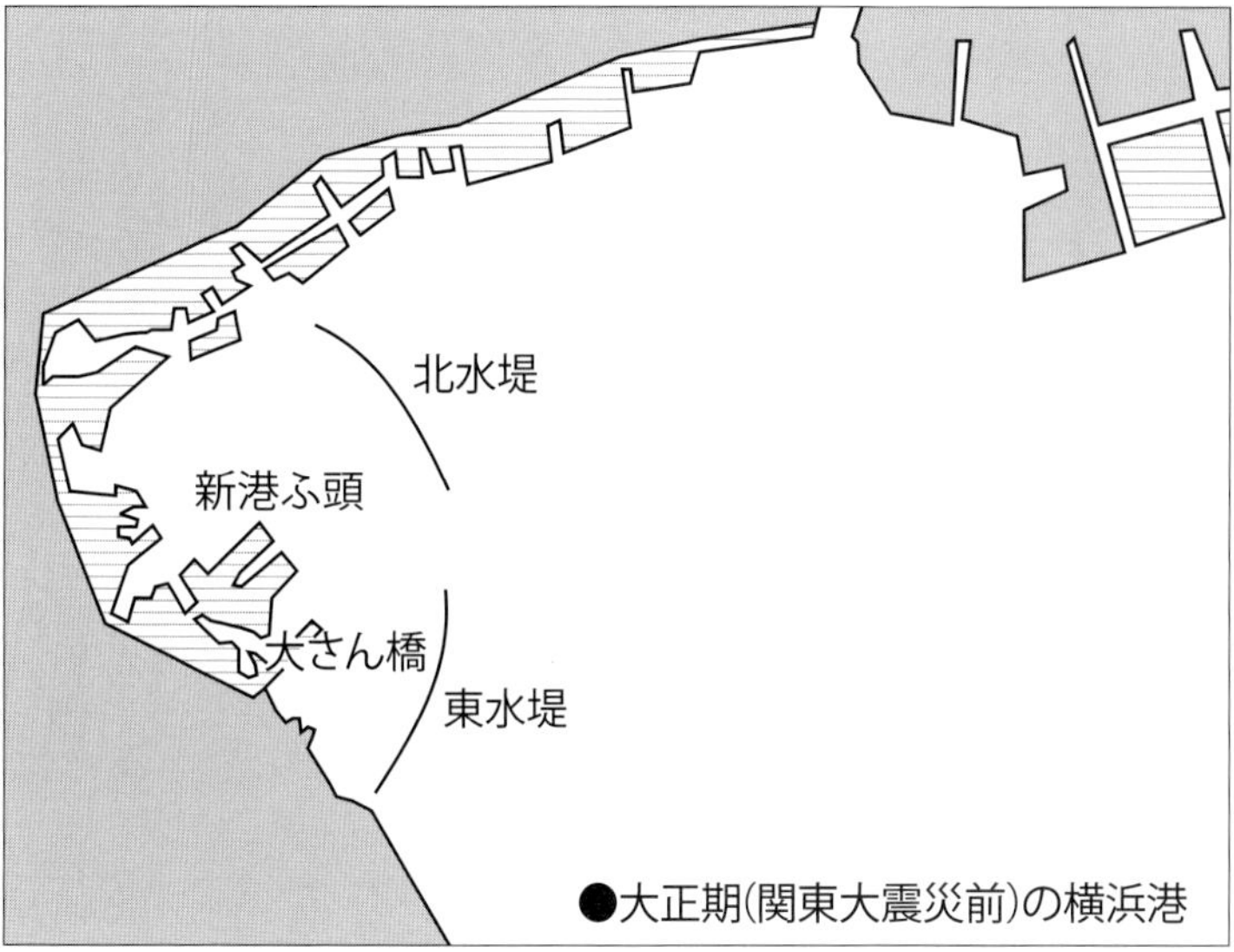

●大正期(関東大震災前)の横浜港

があった。

葉山が横浜に来た頃は、まだ普通海員養成所はなかった。これができるのは、第一次世界大戦による海運好況で海員需要が急増し、船員不足になった一九一八(大正七)年のことである。横浜の吉浜町の日本海員掖済会横浜出張所内に、横浜普通海員養成所が開設されたのが最初である。翌年、大阪にも開所された。横浜では一九四四(昭和十九)年までに一万三百余人を養成した。

余談だが、横浜にはほかに、高等海員養成所(一九一三年~一九二三年)と少年海員養成所(一九一二年~一九一八年)があった。横浜は昭和戦前期、海員養成拠点の一つだった。

葉山は水夫になった。水夫は普通海員で

日本海員掖済会横浜普通海員養成所
『掖済百年』（日本海員掖済会編刊　1981年）より　吉浜町の日本海員掖済会横浜出張所内に1918（大正7）年から1944（昭和19）年まで開設された　横浜みなと博物館蔵

あった。普通海員は、航海士や機関士などの高等海員の補助者であり、単なる労務提供者とみられていた。したがって普通海員には特別な技術や資格は必要としなかった。このため、経験がなくとも雇用されれば、乗船して船員（普通海員）になることができた。

船員と海員

ところで、船員、高等海員、普通海員、水夫という言葉が出てきたが、違いは次のとおりである。船員は法律（船員法）では、船長と海員をいう。そして、海員は船長以外の一切の乗組員をいい、海技免状を持つ高等海員（現在は職員という）と、免状を持たない普通海員（現在は部員といい、海技免状が必要である）に分かれる。常識的には、船員も海員も意味は同じである。また、海員は職務によって甲板部、機関部、事務部などに分かれる。司厨部は事務部に入る。水夫は甲板部員の旧称、火夫は機関部員の旧称である。水夫は船体の錆落としやペンキ塗り、出入港時の錨の揚げ下げなど雑多な作業をする。火夫は燃料の石炭運びやボイラーの火を焚く罐焚《かまた》きである。

葉山は一九一三（大正二）年、日本郵船のカルカッタ航路の貨客船讃岐丸に水夫見習《みならい》で乗船し、一九一六（大正五）年に日本海員掖済会から船員手帳を仮交付された。普通海員養成所ができるまでは、一八八八（明治二十一）年から日本海員掖済会と日本郵船、次いで大阪商船、東洋汽船の大手船会社との間で普通海員の委託養成が行われていた。海員志望の青年を見習海員として船に乗せて実地訓練して、養成期間の後、水夫見習か火夫見習として採用した。葉山はこの委託養成

『海員志望者案内』
高島町にあったボーレン、帝国海員乗船周旋所の海員志望者向けガイドブック　横浜みなと博物館蔵

員だったと思われるが、養成終了後に日本郵船の船ではなく、ボーレンの林田の世話で北海道炭鉱汽船の石炭運搬船万字丸の水夫になった。月給は六円だった。

船員求職状況

明治から昭和戦前期の船員の雇用環境は、今とずいぶん異なっていた。船員の雇用期間はふつう一年か一航海で、継続して雇用されなかった。雇用契約が切れ、下船すればそのまま失業となった。そのため、下船のつど次に乗る船を探すことになる。したがって、そのたびに乗る船、船会社は異なった。岸本汽船の船を下りて、次に山下汽船、その次は岡崎汽船といった具合に次々と船が代わるのが普通だった。

船長や機関長、運転士（航海士）、機関士は下船しても雇用が継続し、予備員として待機して、給料が支給される予備員制度があった。しかし、普通海員にはなかった。普通海員に予備員制度が採用されるのは大正になってからである。まず、水夫長、火夫長に導入され、その後水夫、火夫にも拡大された。だが、それは日本郵船や大阪商船などの大手船会社だけだった。大手船会社以外の船員は従来通り、下船のたびに職探しをして、船を転々としなければならなかった。

乗る船を探すには、先輩船員や親戚、知人の紹介ということもあったが、一般的には、日本海員掖済会で紹介してもらうか、ボーレンに申し込んだ。海員掖済会の乗船斡旋は無料だが、ボーレンは有料だった。海員掖済会は海員が乗船まで滞在する、娯楽設備付の宿泊所（海員ホームともいう）を主要港に持っていた。横浜には一八八四（明治十七）年、元浜町に海員寄宿所ができていた。しかし、宿泊所の運営は官僚的で規律が厳しかったので、人間味のあるボーレンの宿泊所を利用する者が多かった。

ボーレンの仕事

ボーレンは船員専門の口入屋、船員周旋業である。ボーディング・ハウスが訛ったもので、boarding house を辞書で引けば、下宿、寄宿舎であるが、船乗り言葉、海事用語では船宿、船員下宿である。実際に即していえば、営利の船員職業紹介業である。乗船まで船員を待機させるために宿泊業を兼営することが多かった。外国の港湾都市には帆船時代から広く存在した。船員をだまして酒を飲ませて、監禁して船に送り込むクリンプと呼ばれる悪辣なボーレンも多かった。

日本では主要港の横浜、神戸をはじめ、大阪、門司、下関、函館にあった。引用した『海と山と』にあるように海員下宿や海員宿泊所、海員取扱所などの看板を出して海員を募った。横浜では花咲町、野毛町周辺に多かった。一九一二（明治四十五）年に横浜海員下宿営業組合が組合員九人で北仲通に設立されていた。海運ブームでボーレンが全盛期を迎える一九一六（大正五）年には、赤木、花木、白石、小川などの屋号をもつボーレンが、二十八軒ほど横浜市内にあったという。

ボーレンの船員供給先には縄張りがあった。官庁専門と民間船会社に分かれ、さらに特定の船会社を持っていることが多かった。船会社の船員係や水火夫長と専属関係を結んでいた。また、ボーレンは入港船に出向いて、直接船員の口を探す沖廻りをすることもあった。「ボーレンの、サンパン」とは沖廻りに使う小船のことである。現在と違って、船員の採用は船長の権限でできた。実際には、甲板部、機関部の普通海員の雇用は、職長である水夫長、火夫長に一任されていた。ボーレンはこの水火夫長と強いつながりを持っていた。

ボーレンの収入

求職中の船員は、乗る船が決まるまでの間、ボーレンの家や提携している下宿で寝泊まりして待機した。食事付きだった。船員志望者は乗船手続や船乗り生活を教えてもらった。乗船すればすぐにでも航海士になれるようなことをいうボーレンもいた。大広間には何人もの海員がごろごろしているのが常だった。博打《ばくち》ばかりやっている船員もいた。一文無しで転がり込んでも泊まることができた。小遣いも用立ててくれて不自由しなかった。ボーレンは船員を厚遇した。船員にとっては人情味があり、居心地がよく、便利な存在であった。下船のたびに世話になり、自然に緊密な関係が生まれた。脱船した水夫の三上が頼ったのは「翁町の、彼が泊りつけのボーレン」だった。

船の舵取り　『乗船案内　郵船図絵』（『風俗画報』増刊　1901年）より　甲板手の仕事。水夫を経て昇格する　横浜みなと博物館蔵

ボーレンが船員に人情味を見せるのは、船員が大事な収入源だったからである。ボーレンは船員から前金で高い斡旋手数料、宿泊代を徴収した。その額は水夫、火夫の一か月分の賃金に相当した。二日泊まっても一か月分徴収された。支払えなければ借金となった。生活費がなければこれも貸した。乗船が決まると、船員の借金はボーレンからその船の水火夫長に肩代わりされ、引き継がれるのである。水夫ならば水夫長、火夫ならば火夫長である。彼らはガジと呼ばれた。ガジの資金は、もとはボーレンが金利月五分程で融資したものだった。この高金利融資がボーレンの事業を安定的なものにしていた。文無しの海員を泊めておくのは、いつでもガジや船員係への船員供給に応えるためだった。ボーレンとガジと船員係はグルだった。

船内賭博と船内高利貸

船員は乗船すると、賭博や小遣銭の貸し付けで、さらにガジからの借金を増やされた。ガジは借金の多い者を優遇し、借金しない者には危険な仕事、例えば水夫にはマストのてっぺんのペンキ塗り、昇給の遅延、さらには強制下船が待っていた。ほとんどの船員が半強制的に賭博と借金をさせられた。ガジによる船内金融は、権限強化と職場統制のためにも必要だった。

ガジの資金源の一つは、ボーレン、あるいはボーレンの紹介による陸の金貸しだった。そのため船内金融は月二割という高金利なものになった。この利潤がボーレンに還元された。月二割の高利貸はどの船でも行われていた。悲しいことに、船員の多くは法外な高利は船乗りの宿命だとあきらめていた。

下船する海員の多くは無一文だった。そのため、またボーレンを頼ることになった。こうして搾取が繰り返され、船員はいつも文無しだった。船員は借金の連鎖のなかに放り込まれた状態だった。

そもそもこの搾取の仕組みを可能にした根源は、船内で海員の給料が、船長から船員に直接支給されていなかったことによる。給料は、船長が職長である水夫長や火夫長、司厨長《しちゅうちょう》（賄長《まかないちょう》）に一括して支給し、職長から船員には借金を差し引いて手渡されていた。給料の額も職長の判断に委ねられるところがあった。支給明細などはない。この慣行が船内の賭博と高利貸制度を存続させた。賃金直渡《じかわた》しが実現するのは、一九三七（昭和十二）年の船員法改正を俟《ま》たなければならなかった。この結果、船内賭博は縮小し、それにともない船内高利貸金制度は崩壊に向かい、その資金源であるボーレンとガジとの金融上の関係も弱いものになった。悪徳の連鎖の一部が崩れた。

ボーレンの功罪

船乗りになろうとする青年はしばしば、港に網を張っているボーレンの手に掛かった。ボーレンの上得意は、こうした地方からの船員志望の青年だった。ボーレンは地方新聞に海員募集の広告を出して、すぐに海員として乗船でき、たくさんの給料がもらえるがごとき宣伝をした。高い手数料と下宿代を払っても、いつまでたっても乗船できない者もいた。

「インチキボーレンに飛び込んだら、ケツの毛まで毟《むし》られるよ」（ルビ著者）と駄菓子屋を兼ねるボーレンの店番のおばあさんがいうように、悪徳ボーレンにつかまると、博打と借金生活に入り込み、容易にそこから抜け出せなかった。船員を食い物にするボーレンはガジ上がりが多かった。

しかし、船員を食い物にする悪質なボーレンだけではなかった。

「わたしんとこぢや、そんなこたあないからね」というように、畠山はいいボーレンに巡り合って、アルバイトをしながら乗船の機会を待ち、船員になる。

葉山の別の短編で、ボーレンの親爺は、下宿している船乗りになろうとする青年にいう。

「間違つてもボーレンや沖売りらになるな。うだつが上らねえからな」(「サンパンの難破」)。

まっとうなボーレンは儲かる商売ではなかったようだ。

明治から大正にかけて、小学校を出ただけの学歴なしでも、身を立てられると考えられていた職業の一つが船乗りだった。これを手助けしたのがボーレンだった。海員数が七万人だった一九二一（大正十）年頃、ボーレンの乗船斡旋は年間三万人余りであったという。一人で年数回斡旋を受ける者もいるので、その数はさらに多かった。

悪徳ボーレンもいたが、明治から大正期、求職活動をする船員には必要とされていたことは間違いなかった。ボーレンは戦時体制になるまでしぶとく生き残った。

《主な参考文献》

浦西和彦著「葉山嘉樹年譜」（『葉山嘉樹全集　第六巻』筑摩書房　一九七六年）
西巻敏雄著「わが国におけるボーレンの興亡（船員史の一齣として）」（『調査シリーズ七三―一四』海事産業研究所　一九七三年）
日本海員掖済会編・刊『掖済百年』一九八一年
広野八郎著『華氏140度の船底から（上）（下）』太平出版社　一九七九年
海員史話会著『聞き書き　海上の人生　大正・昭和船員群像』農山漁村文化協会　一九九〇年（人間選書152）
住田正一編『海事大辞書　上巻』海文堂出版部　一九三〇年
佐波宣平著『海の英語　増補版』成山堂書店　一九九五年

市営埋立と浚渫船と臨港工業地帯

船方一著
「闘う日産の仲間たちに
——私のあるいて来た道のりから——」より

「横浜臨港工業地帯」「第二区」といわれる
うめ立地のキソをつくつたのわ
私たち——横浜市に働く
浚渫船の仲間たちだつた
その頃、昭和三、四年、私の乗つていた浚渫船わ
横浜の運河の河どろをつみこんでわ

子安、新子安、生麦沖えすてに通つた

『船方一詩集』船方一詩集刊行委員会　一九七九年／
初出：詩集『工場防衛』一九五三年九月

船方一著

「別れの歌」

お前「臨港工業地帯」よ　仕事場よ
今日もお前の地面《かお》を
貨物列車わ地響き立ててかけまわり
トラックわ人足《なかま》のかついだ荷物を山につみ
煙まくのような砂つぽこりをあげている

『船方一詩集』船方一詩集刊行委員会　一九七九年／
初出：『詩人』第三巻第二巻　一九三六年

横浜市港湾部のバケット式浚渫船　大黒丸　『浦賀船渠六十年史』（1957 年）より
市営埋立のため浦賀船渠で 1928 年に建造。船上のノコギリの歯のように見えるのが連結されたバケット　横浜みなと博物館蔵

船方一《ふなかたはじめ》（一九一二〜一九五七）は、昭和戦前から戦後にかけて活動した労働者詩人。石川島造船所に近い隅田川の稲荷橋につながれた五〇トン足らずの艀山本丸十三号で、艀船頭の子として生まれた。本名は足立芳一《よしかず》。艀は横浜港から鉄や石炭を積み、芝浦から本所、深川、王子、千住などの隅田川沿いの工場へ運んだ。京浜間の水上生活者として育った。一九二〇（大正九）年に一家は艀とともに横浜に移る。その後、船方は転校した小学校を卒業間際に退学。一九二八（昭和三）年、横浜市土木局の船頭になり、着工したばかりの横浜市営埋立事業に従事する。そして、職場で労働運動と詩に出会う。

横浜市営埋立事業

守屋町・生麦地先海面の市営埋立事業は、横浜市が港湾工業都市として展開していくために計画され、工業化政策の柱として実施した、戦前期横浜市最大の埋立事業である。海陸交通至便な横浜港内に臨海工業地帯を造成し、貿易港（商港）に加えて、工業港の機能を持つことを目指した。これはまた、内務省の横浜港第三期拡張工事に呼応するものだった。港湾機能の拡充は、関東大震災で地盤沈下した横浜港復権の必要条件だった。一九二五（大正十四）年、就任した有吉忠一市長はこれを最重要課題と位置づけた。同年港湾部（後に土木局港湾課）が設立され、埋立事業のため一九二七（昭和二）年に神奈川

横浜臨海工業地帯　絵葉書　1930 年代後半　市営埋立地の工場　横浜市土地観光課発行
横浜みなと博物館蔵

工営所が設置された。

同年六月二日に起工式が行われ、工場設備、船舶、機械の購入及び護岸の一部を施工した。埋立工事は翌年から八年間かけて行われた。土木工事はほぼ市直営であった。埋立は三区に分けられ実施された。第一地区十一万三千九百七十四坪、第二地区十三万三千百三十八坪、第三地区三十七万千九百四十三坪、総埋立面積六十一万九千五十五坪。そのうち工場敷地は五十一万九千三百一坪に及んだ。三地区は、それぞれ恵比須町、宝町、大黒町となった。

埋立地の特徴は、一万トン級の大型船の航行、横付けができ、京浜国道と幅二五メートルの幹線道路で連絡し、三地区を縦貫する幹線道路を設けた。鉄道は省線入江駅から分岐して各埋立地に通じ、第三地区に新興駅が新設された。土地の売却には、十か年以内の年賦払い、土地は地租法の規定による六十年間免税、さらに市税の五年間免除などの特典措置を設け促進した。売却価格は、一九二七（昭和二）年に完成した隣接する東京湾埋立会社（鶴見埋築会社の後身）の埋立地（いわゆる浅野埋立）の価格が、一九二八（昭和三）年で坪五十円二十三銭であったのに対し、市営埋立は一九三二（昭和七）年で坪四十円と低価格で販売した。このため土地の売却は順調に進み、完売した。

埋立の主役浚渫船

埋立事業のために横浜市は多数の作業船を建造、購入、あるいは所管替えして使用した。浚渫船八隻、曳船六隻、起重機船一隻、杭打機船三隻。ほかに多数の土運《どうん》船を使った。

埋立工事の主役は浚渫船である。埋め立てに使う土砂は、大型船が通れるように埋立地の周囲の浅い海を掘って出る残土。そのためには高性能の浚渫船が必要だった。横浜市は一九二七（昭和二）年から一九二九（昭和四）年にかけて新たに六隻を建造、購入した。

一番の大型はバケット式浚渫船の大黒丸（一時間当たりの浚渫能力四八〇平方メートル）、ついで恵比須丸（同三〇〇平方メートル）、弁天丸（同一二〇平方メートル）。ポンプ式浚渫船は寿老丸（同三〇〇平方メートル）、布袋《ほてい》丸（同三〇〇平方メートル）、福禄丸（同三〇〇平方メートル）。船名は七福神に因んでつけられた。ほかに、小型のプリストマン浚渫船第二治水丸（同九六平方メートル）と第四治水丸（同九六平方メートル）が使われた。

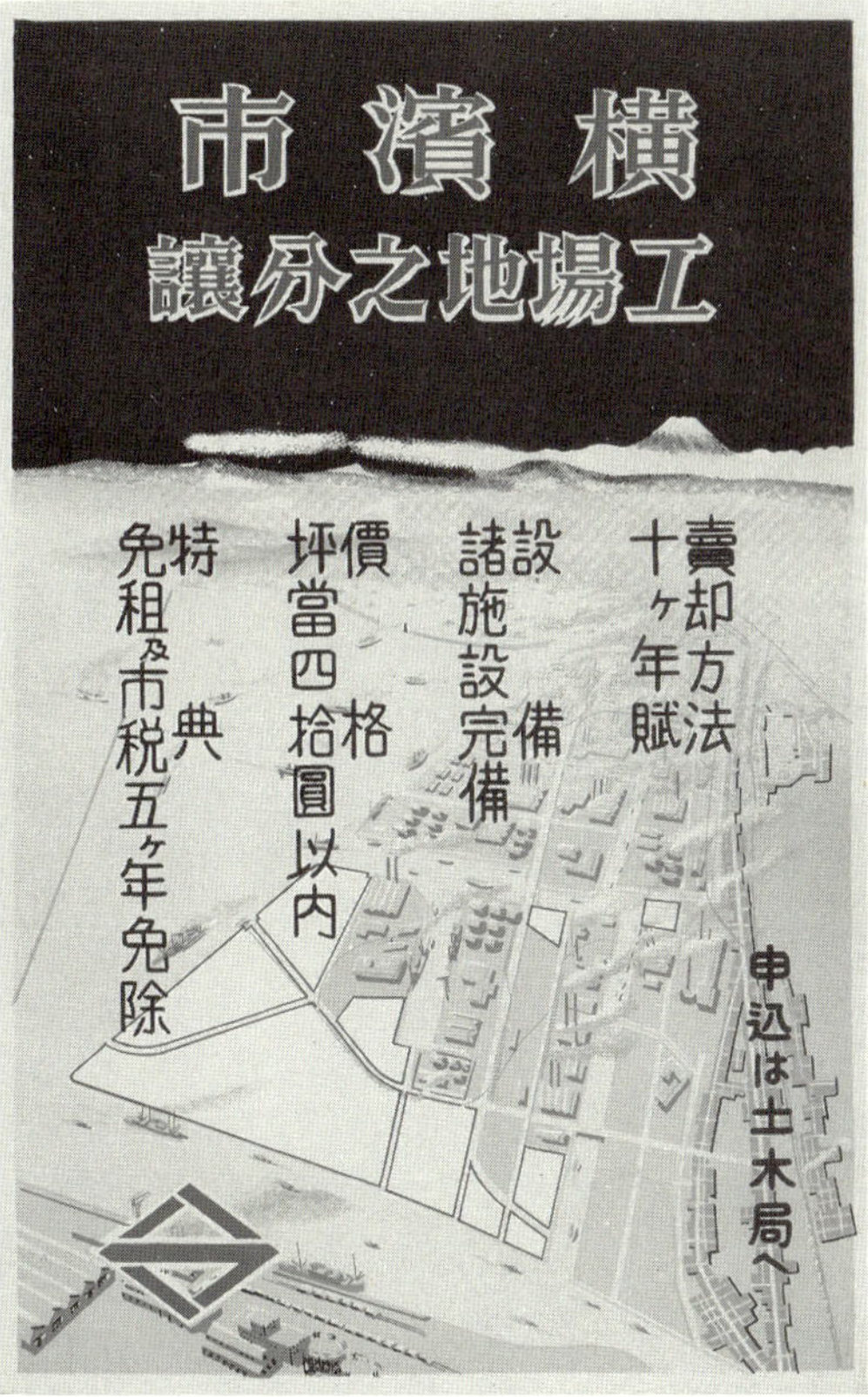

工場地之分譲　絵葉書　1930年代後半
10カ年賦売却や坪単価40円以内、免税及び市税5カ年免除などの特典などが書かれている。埋立事業を担当した横浜市土木局がPR用に発行した。絵葉書埋立地図下部の白くなっている第3地区（大黒町）の鶴見川沿いが売地になっている
横浜みなと博物館蔵

工事は、埋立予定の周囲を護岸で囲み、その内側に土砂を投入する。土砂を運ぶ土運船とそれを引く曳船の運航に、埋め立て予定地内の水深が支障がない間は、市内の河川や港内の浚渫土砂で施工した。船方の詩では「横浜の運河の河どろをつみこんでわ子安、新子安、生麦沖え　すてに通つた」と表現している。

水深が浅くなり土運船の航行ができなくなると、ポンプ浚渫船を使う。ポンプ浚渫船は先端にカッターを持ち、海底の多少硬い土質もこれで砕いて海水とともに吸い上げる。吸い上げた土砂は、パイプ（排砂管《はいさかん》）で離れた所定の場所に送り、埋め立てる。浚渫と埋立が同時にできる利点がある。市営埋立では護岸の周囲四〇〇メートル幅を浚渫し、長さ九〇〇メートルの排砂管で埋立地に土砂を送った。

これより外側はバケット式浚渫船を使用した。船上から取り付けられたラダーに多数のバケットを連結し、エンドレスにしたものを回転させて海底の土砂を掘り上げて、舷《げん》側の樋《とい》から土運船に流す。この船は浚渫能力が大きく、大規模な浚渫・埋立には欠かせない存在だった。

プリストマン浚渫船はグラブ式浚渫船で、イギリスのプリストマン社の浚渫船が広く使われていたのでグラブ式浚渫船の代名詞になった。名前の通り、開いたグラブを海底におろして土砂を掴《つか》み取る方式である。取り扱いが容易で小回りがきくため、狭い場所の浚渫

横浜港平面図　『横浜港』（1938年）付図
図の下部中央の点線内（筆者記入）が３地区に分かれた市営埋立地。左隣の鶴見川の対岸は神奈川県の埋立地。そこには東京瓦斯（ガス）、鶴見曹達（ソーダ）などが進出している。その隣が浅野埋立地　横浜みなと博物館蔵

横浜市臨港工業地　1930年代後半
写真下部は神奈川県埋立地、鶴見川の後方が横浜市埋立地。手前から大黒町、宝町、恵比須町。３地区を幅25mの幹線道路が貫き、完成したところから工場が進出している
横浜みなと博物館蔵

に使われた。

第一地区から順にこの方式で埋立が行われた。ポンプ浚渫船は他の作業船に比べ夜間作業での危険度が小さいため、一九二九（昭和四）年十一月からは従業員を二交代制にして昼夜の別なく作業した。また、浚渫・埋立作業に直接従事する従業員には、一定以上の浚渫・埋立土砂量に対し奨励金が支給された。このように作業を督励し工事を急ぐのは、千四百八十三万円に及ぶ工事事業費の金利を最小限にし、かつできるだけ安く土地を提供し、完成したところから売却して利用させるためであった。この事業は、横浜市の工業発展に欠くべからざる事業と位置付けられていた。工場誘致を何としても成功させたかったのである。工事は一九三六（昭和十一）年十二月に竣工した。

浚渫船の船頭

船方は、十七歳で横浜市土木局の浚渫船の船頭になった。引用した詩で「私の乗つてゐた浚渫船わ」と書き、別の詩「横浜の港で」（一九三五年）のなかで「横浜の浚渫船の船頭となり」、また『船方一詩集』所収の年譜でも「横浜市土木局浚渫船の船頭」となっている。浚渫船の船頭は乗組員のことである。また、「河（その一）」（一九三五年）では、「お前　横浜市土運船《どうんせん》『側《そく》ノ十四号』とのお別れだつた」と書いている。土運船とは浚渫した土砂を埋立地に運ぶ船。船方は土運船にも乗っていた。土運船の船頭でもあった。

ペンネームの船方一（舟方という表記も使用されている）は、艀《はしけ》の船頭の子であることからつけられたという。船方は船乗りのことである。艀の船頭の子は、浚渫船と土運船の乗組員になった。

埋立祝賀開港記念祭　絵葉書
1937年に横浜市営埋立完成を祝して開催された
横浜みなと博物館蔵

ところで、「側ノ十四号」は埋立事業のために浚渫船などとともに十隻以上建造された土運船の一隻である。土運船には土砂を捨てるのに、船底を開いて落とす底開船《そこびらきせん》と船の側部が開く側開船《そくびらきせん》がある。横浜市の土運船は番号が付けられ、「側ノ十四号」は側開船の十四を示す。十四号がどこで造られたかは不明だが、十一から十三は一九二八（昭和三）年に浦賀船渠横浜工場で建造されている。建造時の船名は数字だけである。「側ノ十四号」は乗組員の呼び名であろう。

臨港工業地帯の労働者

完成した埋立地には重化学工業の企業が進出した。恵比須町には全国購買組合連合会（全購連）、日本肥料、日本電気工業。宝町には日産自動車、小倉石油。大黒町には日ソ石油、昭和産業、三菱鉱業、日本曹達、日本産業、大日本特許肥料、東洋商工石油、東硫化学工業など。京浜工業地帯は市営埋立が完成する一九三〇年代にさらなる拡大発展をみる。

ところで、船方は一九三三（昭和八）年に治安維持法違反で検挙された。出獄後は、職を転々とする。そして、「お前『臨港工業地帯』よ　仕事場よ」とうたうように、自分で埋め立てた市営埋立地の工場で貨物を運ぶ日雇労働者になった。

「昨日《きのう》　昭和電工の水あげ※　今日《きょう》　日本肥料の貨車づみ　明日わ全購連《ぜんこうれん》のうわ肩か※　小倉石油のドラムころがし」（「闘う日産の仲間たちに」）などをして糊口を凌いだ。

船方は戦後も労働運動のかたわら、京浜工業地帯の労働と風景の詩作を続け、一九四九（昭和二十四）年、処女詩集『わが愛わ闘いの中から』を出版した。一九五七（昭和三十二）年、交通事故で死去。翌年、仲間たちによって遺稿集『船方一詩集』が発刊された。

※水あげ　水揚げ。艀の貨物を陸揚げすること。水切りともいう
※うわ肩　上肩。港で米や大豆などが入った袋物の貨物を肩で担いで運ぶ労働者のこと

【参考文献】

船方一著『船方一詩集』船方一詩集刊行委員会　一九七九年
東野伝吉著『生産原点からの発想　京浜の詩人たちの足跡』一九七〇年
横浜市『横浜復興録　第四巻』一九三二年
横浜市土木局『横浜港』一九三八年
横浜市『横浜市史Ⅱ　第一巻（上）』一九九三年
横浜港振興協会編『横浜港史　各論編』横浜市港湾局　一九八九年
浦賀船渠『浦賀船渠六十年史』一九五七年

横浜に春を告げるクルーズ客船

大野林火著
『海門』より

白き巨船
きたれり春も
遠からず

大野林火著『海門』交蘭社　一九三九年

横浜港を出港するエンプレス・オブ・ブリテン
『横浜グラフ』（1934年）より。1930年代に世界一周クルーズで毎年寄港した
横浜市中央図書館蔵

引用した句碑が横浜市中区山手の港の見える丘公園にある。句が作られた一九三五（昭和十）年には、山手の丘から横浜港が一望できた。

作者は昭和俳句を代表する俳人の一人の大野林火《おおのりんか》（一九〇四〜一九八二）。横浜に生まれ育ち、居住し、横浜を拠点に活動した俳人である。句は第一句集『海門《かいもん》』所収で、三十一歳の作。横浜港に来航した船をモチーフにしている。春近い港の明るい空気が伝わってくるようだ。

さて、この句に詠まれた春を呼ぶ白い巨船とはどういう船だろうか。

白き船

現在のコンテナ船や自動車船、客船の船体の色は黒以外にも青や緑、オレンジ、白などカラフルである。だが、戦前の客船や貨物船など商船の船体色は黒が普通であったが、白い船体もあった。客船である。だが、隻数は少なかった。この句が作られた頃に、横浜港で見ることができた白い船体の客船は限られていた。

まず、横浜港で白い船といえば、イギリスのカナディアン・パシフィック・ライン（CPL）の客船である。バンクーバー―横浜―神戸―香港間の太平洋航路の就航船である。エンプレス・オブ・ジャパン、同エイシア、同カナダ、同ラッシアの四隻が配船され、毎月四回

山下公園越しに見た大さん橋　1930年代
大さん橋にはイギリスＰ＆Ｏ汽船の極東航路客船ラワルピンディ、その後ろの白い船は、世界一周クルーズで寄港したイギリスのキュナード汽船のフランコニア
横浜みなと博物館蔵

大さん橋に停泊するレゾルートと龍田丸　1930年代
ドイツのハンブルク・アメリカ・ラインのレゾルートは1920～1930年代に、ニューヨーク発スエズ経由の世界一周で毎年のように寄港した。右側の龍田丸は日本郵船のサンフランシスコ航路客船　横浜みなと博物館蔵

寄港して、横浜ではお馴染みの船だった。白い船体から同社の客船隊はホワイト・エンプレシズと呼ばれた。エンプレスはイギリス皇后を指す。カナダはイギリスの自治領で、英連邦国家、大英帝国の一部だった。

このほかで白い船体の船はクルーズ船である。年に数回寄港していた。クルーズ船とは、外国へ行くなどの移動、交通手段としての客船ではなく、レジャーを目的とする客船である。船客は船内での生活を楽しみながら寄港地を観光した。当時のクルーズ船の多くは定期航路に就航していた客船が使われていた。現在の飛鳥Ⅱやクイーン・メリー2などのクルーズ船はこうした定期客船とは違い、クルーズ専用に建造された客船である。

一九三〇年代前半に横浜港に来航していたクルーズ船で白い船体は、イギリスのキュナード汽船（CSS）のフランコニア、アメリカのマトソン・ライン（ML）のラーリン、CPLのエンプレス・オブ・ブリテンの三隻である。

巨船

当時の大型船は貨物船ではなく客船である。客船は定期航路に就航していた。日本の場合は正確には貨物も積む貨客船である。戦前の日本の最大船はサンフランシスコ航路に就航した一万七四九八総トンの日本郵船の客船秩父丸。一万トンで十分大型船だった時代である。だが、太平洋航路で日本客船のライバルだったエンプレス・オブ・ジャパンは、二万六〇〇〇総トンでさらに大きかった。

しかし目を世界に転ずれば、秩父丸の数倍の巨船がたくさん就航していた。ヨーロッパとアメリカを結ぶ大動脈の北大西洋航路には五万総トンのドイツのブレーメンやイタリアのレックス。フランスのノルマンディーやイギリスのクイーン・メリーは八万総トンを超えていた。こうした客船の主たる船客は、三等を利用したヨーロッパからアメリカへの移民だった。移民の増大が客船を大型化した。この北大西洋航路客船の一部が世界一周クルーズに出て、来日した。三万二〇〇〇総トンのドイツの北ドイツ・ロイドのコロンブス、二万七〇〇〇総トンのベルギーのレッド・スター・ライン（ＲＳＬ）のベルゲンランドなどは日本では巨船だった。四万二〇〇〇総トンのエンプレス・オブ・ブリテンはさらなる巨船だった。

春に来る船

林火は「白き巨船きたれり」、つまり、白く大きな船が今年も来たので、「春も遠からず」と詠んだ。

ということは、白き巨船は、毎年春近い時期にやって来たのである。白き巨船は春を呼ぶ特別な船ということになろう。それならば、月に四回、あるいは二か月に一回寄港するような定期客船ではない。その船はクルーズ船である。

ではなぜクルーズ船は春に横浜港に来るのか。

クルーズは、一八八〇年代にイギリスやノルウェーの船会社が、定期客船を使って生まれたといわれる。夏期はノルウェーのフィヨルドや地中海、冬期はカナリヤ諸島やカリブ海などを巡った。九〇年代になると、ドイツの船会社が北大西洋定期航路客船をクルーズに転用し地中海クルーズを始めた。冬期は海が荒れ、乗船客が減り、便数が減る。その結果余った客船を使用した閑散期対策だった。クルーズは好成績を収め、他の船主にも広がり、クルーズ専用船も出現した。世界一周が実施されるのは、一九一四年のパナマ運河開通後の一九二〇年代である。それは、一九二二年、二四年のアメリカの移民制限、加えて一九三〇年代の世界的大不況による、北大西洋航路乗船客の激減が大きな要因だった。余剰客船は長期クルーズに出た。そのためクルーズは冬に出航することになる。主な乗船客は裕福なアメリカ人である。世界一周クルーズの場合、十一月から十二月にニューヨークを発航すると、横浜寄港は西回りでは一月、東回りでは三~四月になる。冬から春の時期である。

横浜港に来航したクルーズ船

　当時クルーズ船が日本に来るのはほとんどが世界一周クルーズであった。世界一周クルーズの先駆けとしてよく知られているのは、一九〇九年のドイツのハンブルク・アメリカ・ライン（ＨＡＬ）のクリーブランドの航海である。船客六百五十人を乗せてニューヨークから東回りでスエズを経由し、インド洋、太平洋を横断してサンフランシスコまでの、正確には世界四分の三周クルーズ。ここからまた折り返した。これはパナマ運河が未開通による結果だった。クリーブランドは、このクルーズで翌一九一〇（明治四十三）年一月六日に横浜港に寄港している。これが横浜港初のクルーズ船来航である。

　一九二〇年代以降、世界一周クルーズに就航する船が増えるとともに横浜来航船も増えた。一九二〇～三〇年代、毎年三～五隻が横浜に来航した。一九二六（大正十五）年には七隻を数えた。毎年のように来ていた船は、ＲＳＬのベルゲンランド、ＨＡＬのレゾルート、ＣＳＳのフランコニア、それにＣＰＬのエンプレス・オブ・オーストラリアとその跡を継いだブリテンである。

　このうち船体が白色なのはフランコニアとエンプレス・オブ・ブリテン。フランコニアは二万一五八総トン、長さ一九〇メートル。日本の浅間丸・秩父丸クラスを一回り大きく

エンプレス・オブ・ブリテンの最初の世界一周クルーズのパンフレット
航程や船内案内、寄港地案内などを掲載している。現在のクルーズ船のパンフレットと大きくは変わらない。カナディアン・パシフィック・ラインが1931年に発行した　横浜みなと博物館蔵

したサイズ。巨船と形容されるのにふさわしい船は、四万二三四八総トンのブリテンである。一九三二（昭和七）年から毎年春に来航していた。

最大最速 豪華世界一周船

エンプレス・オブ・ブリテンは、ＣＰＬが一九三一年にカナダ・ケベック―イギリス・サウザンプトン間の北大西洋航路用に建造した。一等船客四百六十五人、ツーリストクラス二百六十人、三等船客四百七十人、速力二十四ノット。同社客船のなかで、最も大きく最も速く最も豪華な客船だった。また、客室から世界中へ通じる電話サービスを採用した初めての客船だった。

ブリテンは建造された年の十二月三日に船客四百人を乗せ、ニューヨーク発着東回り百二十八日間の最初の世界一周クルーズに出航した。主な寄港地は、大西洋を横断してマデイラ、モナコ、ナポリ、スエズ、ボンベイ、コロンボ、シンガポール、マニラ、香港、上海、秦皇島、別府、神戸、横浜、ホノルル、サンフランシスコ、パナマ運河を通過し、ニューヨークに帰着。料金は最低二千ドル（約一万千円）。この時のパンフレットでは「地球を回る最も大きく、最も速く最も優美な汽船」と謳《うた》っている。クルーズ時は一等船客のみである。

ブリテンは翌一九三二（昭和七）年三月三日に横浜に着いた。来航前から新聞が連日「海に浮かぶ『市街』」「百万長者満載」などと報道したため、来航クルーズ船のなかでも、ひと際市民の注目を集めた。停泊中は大さん橋には見物人が絶えなかった。確かに長さ二三二メートルの船体は、大さん橋を独占するほどの大きさだった。戦前に横浜港に入港した最大船であり、来日した最大船であった。また、世界一周に就航した客船では世界最大船だった。

春も遠からず

さて、エンプレス・オブ・ブリテンは一九三三年のクルーズ（日本来航は翌一九三四年）から、船客の要望で日本の寄港時期を桜の咲く頃の四月上旬に変更した。林火が「白き巨船」を作句した一九三五（昭和十）年にも、四月十四日に入港し、四日間停泊して十七日に出港した。

船の視点で見れば、林火はこの時のブリテンを大さん橋か、横浜復興博覧会開催中の山下公園か、あるいは山手の丘あたりから見て詠んだとなりそうである。

しかし、果たしてそうだろうか。そもそもこの句の季節は冬である。「春も遠からず」＝「春近し」は冬の季語。一月の終わり頃か。四月十四日は春爛漫、桜も散り始めていた。

この年は一月にクルーズ船の来航はなく、ブリテンが最初のクルーズ船だった。毎年一月に来ていたクルーズ船はＲＳＬのベルゲンランドだけである。一九二五（大正十四）年から一九三一（昭和六）年まで来航していた。

この句がどのように生み出されたかは不明だが、林火は事物をよく見て表現することを徹底的に勉強したという。そうであれば、大さん橋の白い巨船エンプレス・オブ・ブリテンを見て、かつて、一月下旬になると同じように大さん橋に停泊していた二万七千トンの巨船ベルゲンランドを見たことを心に浮かべて、目の前のブリテンと重ね合わせて詠んだのかもしれない。

毎年一月に横浜港に来航した白い巨船はなかった。ベルゲンランドの船体の色は黒である。

ともあれ、世界一周クルーズ船の来航は、横浜に一番先に春を告げた。

《主な参考文献》
朝日新聞社『高濱年尾　大野林火集』（現代俳句の世界12）一九八五年
竹野弘之著『タイタニックから飛鳥Ⅱへ』交通研究協会（交通ブックス217）成山堂書店発売　二〇〇八年
George Musk *'Canadian Pacific'* David &Charles,1981
横浜マリタイムミュージアム『企画展　横浜港を彩った客船』二〇〇四年　図録
横浜みなと博物館『企画展　憧れのクルーズ』二〇一一年　図録

臨港カフェと桟橋食堂

「花のワルツ」より
川端康成著

彼等は岸壁の二階へ上つて、臨港食堂で待つことにした。そこも迎への人々で立てこんでゐた。誰も彼も明け放つた窓から、港を眺めてゐたけれども、女弟子達はじつとしてゐられぬといふ風に、紅茶にちよつと口をつけただけで、花束をテエブルに

新港ふ頭四号岸壁に着岸する貨客船静岡丸　1928（昭和３）年前後　上屋の２階、人物がいる後方に臨港カフェがあった　横浜みなと博物館蔵

置いたまま、歩廊へ出た。
港は初夏の午前に光り溢れてゐた。

（略）

棧橋に來た。歐州航路のイギリス船が横づけになつてゐたが、水夫が一人甲板からこちらを見下してゐるだけで、船腹に近づくと無氣味なほど靜かであつた。
棧橋食堂もしまつてゐた。
荷馬車がことりことり入つて來た。

『川端康成全集　第六巻』新潮社　一九九九年／初出：『改造』一九三六年五月号

大さん橋　1930年　右の船はシアトル航路の氷川丸型貨客船、左の船はイギリスP＆O汽船の極東（欧州）航路貨客船ラワルピンディ。大さん橋正面の上屋の2階が桟橋食堂。看板に「桟橋食堂　帝国ホテル経営」、庇（ひさし）には「IMPERIAL HOTEL MANAGEMENT」「SAMBASHI RESTAURANT&BAR」と書かれている　横浜みなと博物館蔵

「花のワルツ」は、バレリーナを主人公にする川端康成（一八九九〜一九七二）の短編。引用の文章は、主人公の星枝と鈴子が西洋舞踊研究所の師の竹内とともに、洋行から帰国する竹内の愛弟子の南條を横浜港に出迎える場面である。船は、午前八時に新港ふ頭四号岸壁に着岸するアメリカ航路の筑波丸である。引用文の「岸壁の二階」は新港ふ頭四号岸壁の四号上屋の二階、「桟橋」は大さん橋である。

小説には、今ではあまり知られていない横浜港内にあった二か所のレストランが登場する。

アメリカ航路の客船

小説が書かれた一九三六（昭和十一）年頃の日本のアメリカ航路、すなわち北米客船定期航路は日本郵船のシアトル航路とサンフランシスコ航路である。新港ふ頭四号岸壁を使用するのは後者であった。当時の就航船は、日本を代表する客船浅間丸、龍田丸、秩父丸の三姉妹と大洋丸の四隻で、月二便運航していた。筑波丸は就航していない。実際の筑波丸（三二六一総トン）は、横浜〜上海航路の貨客船。北米航路客船に比べてずっと小型である。

近づく船を見て星枝が「太い短い煙突の船よ。」というところから、モデルの船は太い一本煙突の秩父丸であろう。ほかの三隻は二本煙突である。秩父丸は一万七四九八総トン。一九三〇（昭和五）年に横浜船渠で建造された、戦前の日本最大客船であった。

臨港カフェ

横浜港には関東大震災後の復旧工事で二つの客船ターミナルが造られた。新港ふ頭四号岸壁の四号上屋と大さん橋の一号、二号の二棟の上屋である。上屋の名称が示す通り、両方とも一階は貨物置場で、客船ターミナルの機能は主に二階部分であった。

新港ふ頭四号上屋は一九二七（昭和二）年七月（五月とする文献もある）に完成した。長さ約一六四メートル、幅約四五メートル、鉄骨造り二階建て。大さん橋の上屋を凌駕する堂々とした建物だった。横浜港にとって旅客、生糸を中心とする貨物ともに多い北米航路の重要性を表したものといえよう。二階には旅具検査所や待合室、売店のほかにホテルニューグランドが経営するレストランである臨港カフェがあった。小説中の「臨港食堂」である。ホテルニューグランドは関東大震災で倒壊したグランド・ホテルにかわる外国人向けホテルとして、横浜市や横浜商工会議所などの出資により建設された。

臨港カフェの開設は一九二七年八月。ホテルニューグランドは同年十二月の開業に向けて準備中だった。同じ年の六月開業の開港記念横浜会館地階の本町食堂とともに、臨港カフェのホテルより一足早い営業は、ホテル従業員の訓練と開業準備経費軽減を兼ねてのものだった。

星枝や鈴子、竹内のように、客船の発着を待つ間、見送りや出迎えの人々はここでお茶や食事をとった。レストランからは送迎用歩廊越しに客船が見えた。客船入港後は「臨港食堂はまた賑はつて、歸朝のテエブル・スピイチをしてゐる者もあつた」。客船の発着のたびにカフェは活気に包まれた。

臨港カフェがいつまで営業していたかは不明である。ただ、一九四一（昭和十六）年、日米間の情勢が急速に険悪化し、八月にサンフランシスコ航路は休止しているので、営業中止はこの前後であろう。

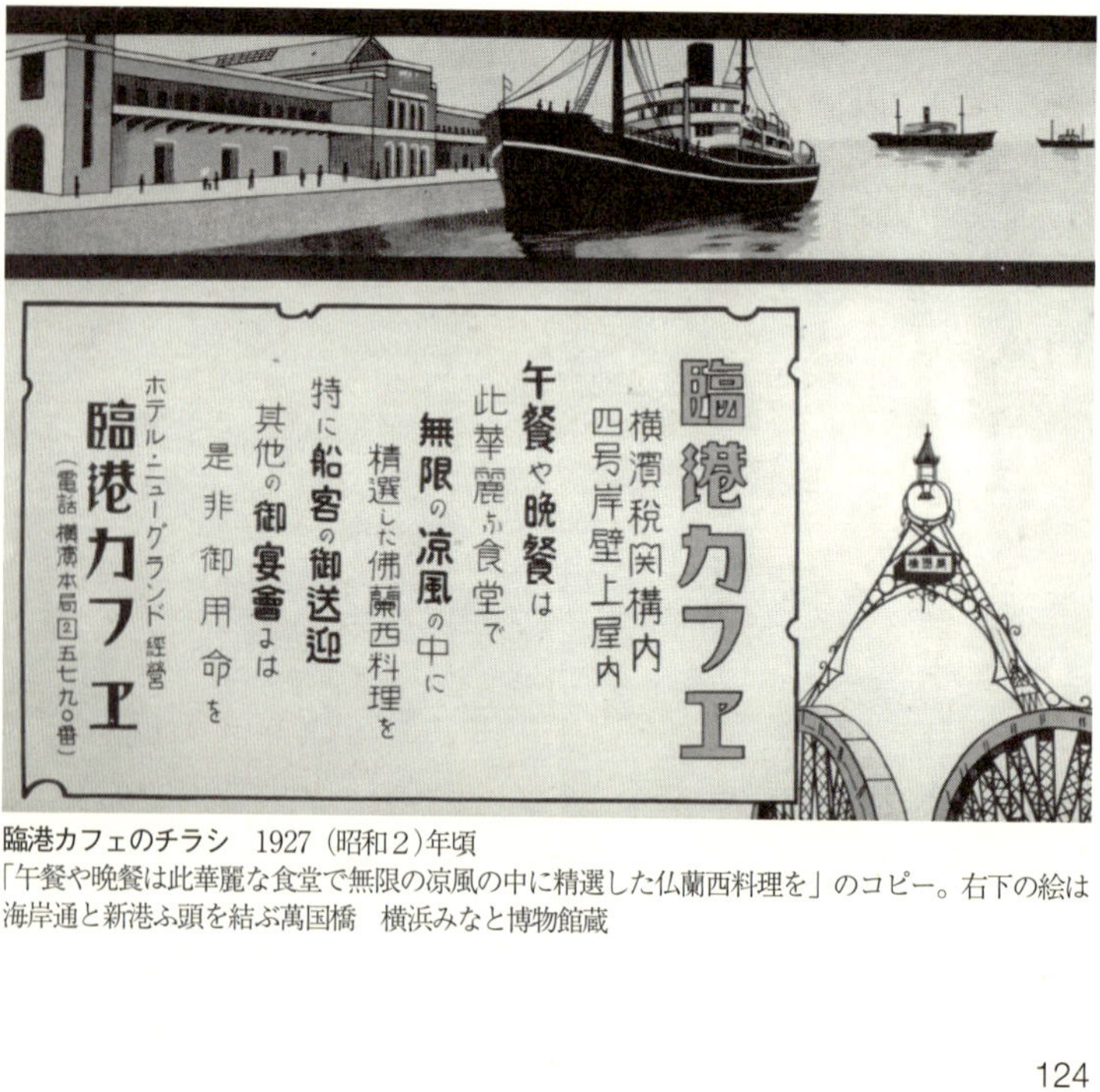

臨港カフェのチラシ　1927（昭和２）年頃
「午餐や晩餐は此華麗な食堂で無限の涼風の中に精選した仏蘭西料理を」のコピー。右下の絵は海岸通と新港ふ頭を結ぶ萬国橋　横浜みなと博物館蔵

桟橋食堂

星枝と鈴子は筑波丸が着岸するまでの間、大さん橋にやってくる。そして、上屋の屋上から海を眺める。

大さん橋は欧米船会社の太平洋（北米）航路、極東（欧州）航路、クルーズ船、日本のシアトル航路の客船などが発着した。上屋は一九二八（昭和三）年三月に関東大震災の復興工事で完成した二代目である。耐震性と耐火性を考慮して鉄骨造、金網モルタル被覆構造が採用された。陸側の二号上屋は一部二階建てで、海側の平屋の一号上屋とは渡り廊下で結ばれていた。二号上屋は屋上が送迎デッキ、二階はレストランだった。レストランは「桟橋食堂」といい、帝国ホテルが東京から進出して同年七月に開業した。

これは、金融恐慌の不況下、政府の外国人観光客誘致による外貨獲得を目的とする国際観光事業振興策に呼応した、帝国ホテルの積極的な経営多角化の一環だった。帝国ホテルは外国人を主な対象とする日本を代表するホテルである。客船で来日する外国人が上陸する横浜に新たな事業拠点を置いたのである。上屋の看板にも和英で帝国ホテル経営のレストラン・バーと表示している。船客や送迎人のほか、宴会などにも使われたようである。戦中の一九四二（昭和十七）年四月末まで営業した。

連絡自動車

帝国ホテルの横浜港での事業はほかにもあった。桟橋食堂開業の前年一九二七（昭和二）年、宿泊客のためにホテルと大さん橋間の直営の乗合バスの運行を始めた。さらに、食堂開業の翌年一九二九（昭和四）年三月には新港ふ頭にホテルの案内所を設置した。こうした新事業展開は一方では、ホテルニューグランドの開業をにらんでのことでもあった。

ホテルニューグランドでも自動車業を始めた。ホテルの隣接地にニューグランド・ガレージを設立して、宿泊客のためにホテルと新港ふ頭四号岸壁間で自動車の運行を開始する。また、主に外国人向けに移動、観光用のタクシー・ハイヤー業も行った。運転業務は富士屋自働車に委託した。

富士屋自働車と横浜とは縁が深かった。同社は、外国人のためのリゾートホテルとして知られていた箱根・宮ノ下の富士屋ホテルが、一九一四（大正三）年八月に設立。外国人客送迎のため貸自動車（ハイヤー）業を開始し、ホテルと東海道線国府津《こうづ》駅、並びに湯本、そして横浜間で運行した。一九一九（大正八）年六月には乗合自動車（バス）を始め、富士屋ホテルから横浜のグランドホテルまで土・日曜日に一往復運行した。震災後はグランドホテルにかわり、ホテルニューグランドとの間を結んだ。一日二往復で、桜木町駅、大さん橋にも停車した。ホ

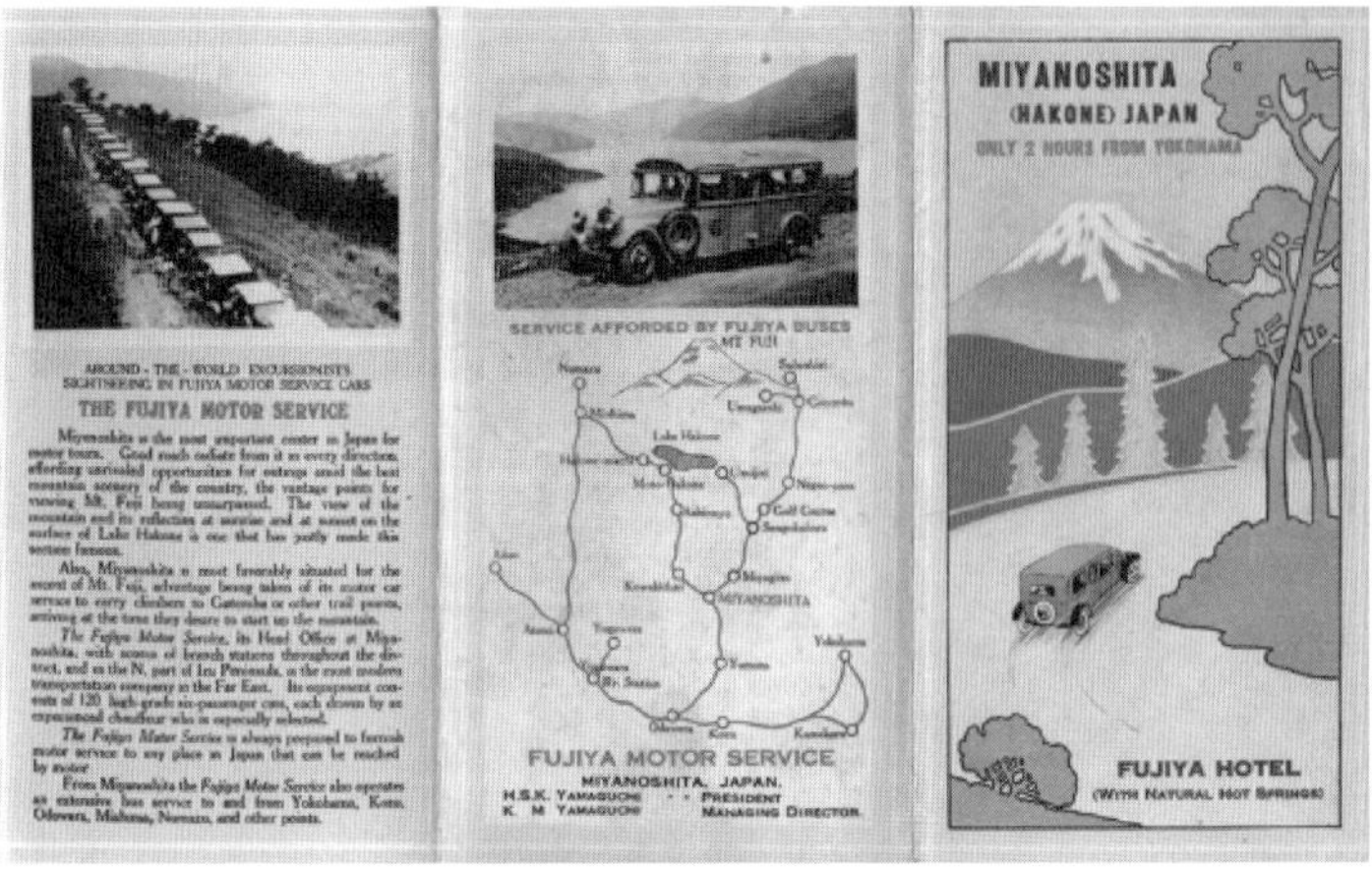

富士屋自働車の外国人向け英語版リーフレット　1920年代　「箱根・宮の下　横浜からたった2時間」のコピーだが、実際は3時間かかった　著者蔵

テルニューグランドを午前九時に出る便は、鎌倉経由で富士屋ホテルには午後〇時四十五分に着いた。料金は八円五十銭。午後便は二時二十分発の直行で五時三十分着。料金七円五十銭。富士屋ホテルからは午前九時と午後四時に横浜に向け出発した。

　横浜港を舞台にした、外国人を主なお客とした東京と横浜の二つのホテルによるレストランと自動車事業は、外国客船航路全盛時の出来事だった。

横浜娘

　ところで、主人公の星枝は横浜に住んでいて、港と船についてことのほか詳しい。それを鈴子らに披露する。少し紹介しよう。まずは船の煙突について。

「汽船に煙突がないと、船客は不安な氣がするんですつて。だから、煙突を立派にお化粧するのが、汽船會社の客引き政策なんですつて。化粧煙突つていふのよ。煙突が大きいと、頼もしさうで速力も速さうに見えるのよ。」

客船にとって外観上、煙突は重要である。煙突から出る黒煙は高出力、高速力の象徴だった。タイタニックの後方にある傾斜した長い四本煙突が良い例で、速さを形にしたものである。四本目の煙突はダミーである。また、筑波丸を見て「赤い横條《すじ》の入った、白い煙突」という通り、日本郵船の煙突は、白地に真紅の二線を引いた「二引《にびき》」というファンネル（煙突）マークである。船会社のマークなどを描く部分が化粧煙突である。煙突自体は排気管であるが、これを円柱形で囲んだものである。ファンネル・マークでどこの船会社の船か一目でわかる。

もう一つは、現在の新聞にもある出船入船情報。

「星枝は新聞の神奈川版を開いて、今日の入船、今日の出船、明日の入船、明日の出船、今日の在港船と『出船入船欄』を聲立てて讀み上げながら、碇泊の船と照し合せて、遞信省が補助金を出して作つた優秀貨物船だとか、ダラア會社の船だとか、横濱娘らしく説明した」

ダラア会社は、アメリカのダラー・ライン。同社のプレジデント・フーバーとクーリッジは、北太平洋航路で、浅間丸、秩父丸や氷川丸など日本客船のライバルであった。

地元紙の横浜貿易新報（現在の神奈川新聞）には当時「波止場だより」や「船だより」と

いう入出港船の情報欄があった。港町の新聞ならではの記事である。

最後は星枝の言葉ではないが、客船入港時の波止場の描写。

「岸壁の突つ鼻の方には、ホテルの客引達が集まつてゐた。花やかな洋行歸りを迎へるといふ、派手な風俗の人ばかりではなく、移民の縁者らしい村人もゐた。船員の家族もゐた。港の娼婦の眠り足らぬ顔もあつた。」

作者はよく観察している。港では客船が入ってくると、いろいろな人が集ってくる。

《主な参考文献》

白土秀次著『ホテル・ニューグランド50年史』ホテル・ニューグランド　一九七七年
山口堅吉編『回顧六十年』富士屋ホテル　一九三八年
帝国ホテル『帝国ホテル百年史』一九九一年
日本経営史研究所編『日本郵船株式会社百年史』日本郵船　一九八八年
営繕管財局横浜出張所『横浜税関陸上設備震災復旧工事概要』一九三二年
横浜マリタイムミュージアム『企画展　横浜港を彩った客船』二〇〇四年　図録

第二章　戦後復興からコンテナ船の時代へ

国際観光基地計画と公園ふ頭

『やっさもっさ』より

獅子文六著

「わしは、貿易港としての復興に、努力する側《かたわ》ら、外國人の觀光《かんこう》地、享樂地としての觀點《かんてん》から、その方の新開拓を、大々的にやるべきだと、考えるんですよ」

（略）

「一言にしていえば、東洋のモナコを、横濱に出現させる——女と賭博の總本山を、築き上げるんです」

『獅子文六作品集　第十巻』角川書店　一九五八年／初出：「毎日新聞」一九五二年二月十四日〜八月十九日連載

山下公園と大さん橋　1952（昭和27）年前後
山下公園には米軍将校用住宅がある。全面接収解除になるのは1959（昭和34）年6月である。大さん橋にはアメリカン・プレジデント・ラインズの客船が停泊している　著者蔵

占領期、横浜に東洋のモナコをつくる計画があった。といっても小説の中の話である。小説は『やっさもっさ』。

『やっさもっさ』は横浜市中区の弁天通生まれの獅子文六（一八九三～一九六九）が、一九五二（昭和二十七）年に毎日新聞に連載した新聞小説。舞台は執筆時期と同じ対日講和条約発効直前の横浜である。占領下の横浜の社会状況や風俗をよく映している。引用の文章は、物語後半の根岸一帯の開発事業をめぐる場面。開発は当時の横浜港の将来計画を下敷きにしていた。

連載は大さん橋接収解除前日の一九五二年二月十四日から始まった。

横浜モナコ計画

「外國人の觀光地、享樂地としての觀點から、その方の新開拓を、大々的にやるべきだ」というのは、戦後の横浜実業界のボス武智。横浜の実力者、大物市会議員と横浜港の将来について議論している場面の発言である。武智はアメリカ兵相手の遊興商売で成功した男。「その方の新開拓」という武智の計画は、根岸の競馬場や丘陵地にカジノやホテルを建設し、外国人専用の「東洋のモナコ」をつくるというもの。米軍撤退後を見据えた事業計画であった。

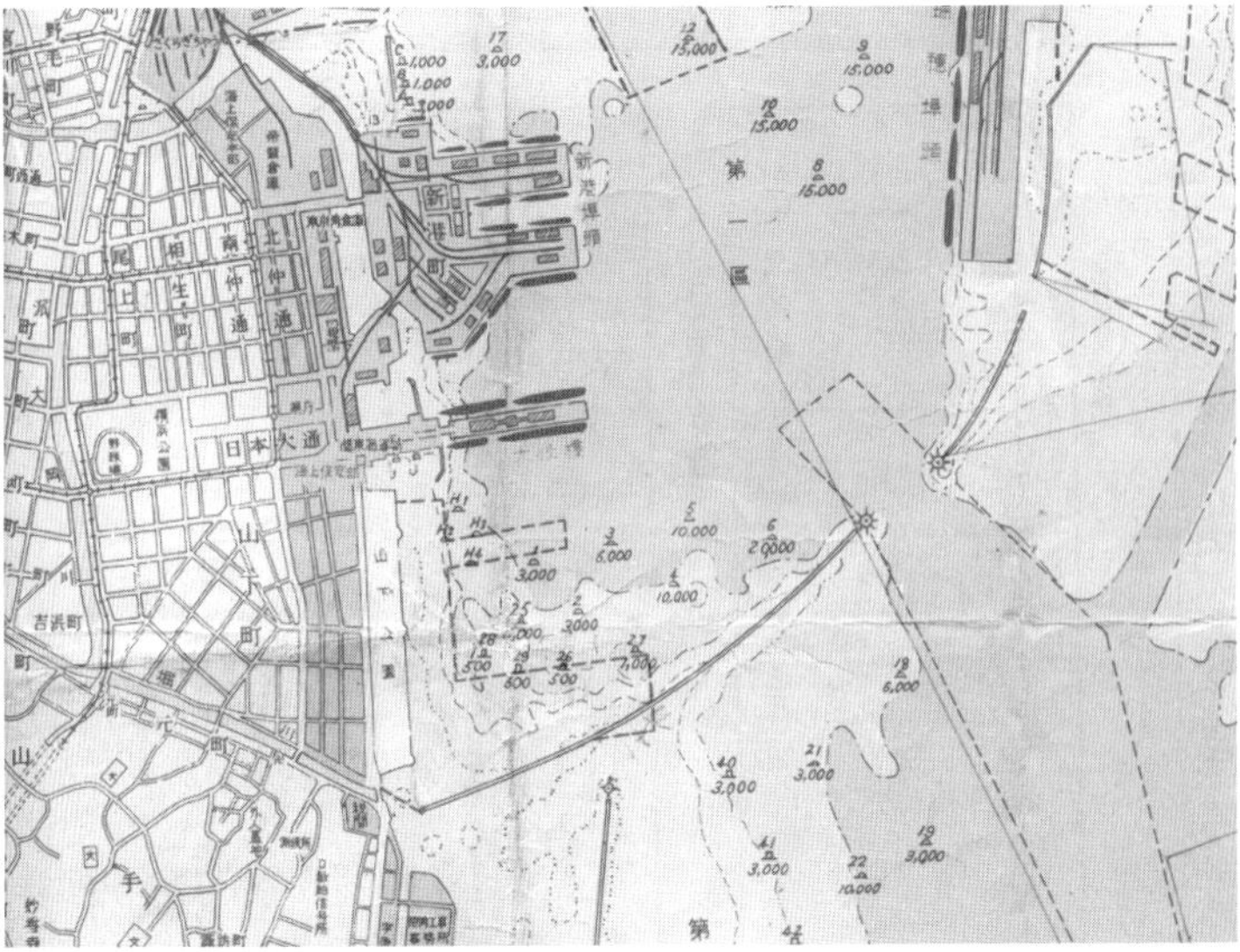

1953（昭和28）年横浜港図（部分）
『横浜港概要　昭和28年版』（横浜市港湾局　1953年）より
山下公園前、大さん橋寄りの点線で表示された部分が、山下町桟橋・公園ふ頭の建設予定地。
その下の点線部分は山下ふ頭建設予定地　田中常義氏蔵

この横浜モナコ計画は、実は根も葉もないものではなかった。実際にあった横浜港の五カ年復興計画を踏まえたものだった。

一九四九（昭和二十四）年に発表された運輸省の「横浜港復興計画概要」の中で、今後さらに検討すべき課題として登場している。新設の山下町桟橋を中心に旅客施設を完備して観光客の利便を図り、周りにヨット・ハーバーや観光遊覧、厚生地区、その後背地に歓楽郷を設置して総合的開発を図るとしていた。

予定地はおよそ山下公園及び根

岸湾一帯で、ヨット・ハーバーが間門海岸、厚生施設は杉田、遊戯場は根岸、歓楽郷は本牧、水上飛行場は富岡あたりが図示されていた。

この国のプランに横浜市も対応した。検討課題は将来計画に成長し、一九五一（昭和二十六）年の「横浜港の将来計画案」に取り入れられた。港を機能別に拡充するプランの中で、商業港、工業港、自由港※のほか、山下公園前を観光港、根岸町・間門町前面を遊覧港として提示していた。

計画はさらに具体化されていく。『市政概要　一九五一年版』の横浜港の「将来の計画」では、根岸に外国人用のレジャー地域を三か年、事業費二億十八万円でつくり、根岸・磯子海岸約百五十万坪を埋め立て、第二港ならびに航空港の設置が計画された。

※自由港＝一定の地域を限り、その区域内に輸出入する外国貨物を関税の課税対象とせず、かつ、貨物の積みおろし、保管、仕分、加工などを容認する港

国際観光基地

翌年の『市政概要　一九五二年版』で全体像が鮮明になった。「横浜港拡張計画」の「国際観光港について」の中で、大さん橋の「代替として新桟橋を計画し、併せて背後の陸上に国際観光地帯として自然の風光に富んだ根岸地先を埋立て、外国人客の憩いの場所とし

て観光ホテル、外人クラブ、小型飛行場、国際遊戯場、博物館、植物園並びに高級住宅を造成して国際観光基地たらしめ、外貨獲得の一助」にするとしていた。

客船で来た外国人を根岸湾一帯のリゾート施設に誘致するプランであり、この国際観光基地構想は国の観光立国策を反映したものでもあった。

武智の計画は、横浜市の国際観光港計画案の陸上部分を取り出したものだった。根岸は海岸沿いのわずかな平坦地を除けば、ほとんどは丘陵地である。横浜が開港すると、競馬場や外国人遊歩新道が整備されたところである。風光明媚な丘陵には別荘や住宅地が点在していたが、敗戦とともに接収され、米軍の住宅などになっていた。

武智ら横浜の政財界の大物が、横浜港の将来計画を現実味を持って議論するのには訳があった。それは、この時期に連合軍総司令部の民主化政策で、港湾の民主化と地方分権の方針に基づいて、港湾管理が国から地方自治体へ移ったからである。一九五〇（昭和二十五）年五月にこの考えを盛り込んだ初めての港の基本法である港湾法が成立した。翌年六月、国に代わって横浜市が横浜港の港湾管理者になった。そして八月に横浜市港湾局が発足した。この制度は国が港の管理運営の第一線から退いた、日本の港湾の歴史上画期的な出来事だった。横浜港の将来計画を横浜市が決めることができるようになったのである。

ところが、国際観光基地計画は、この年を最後に、その後立ち消えとなった。

武智は港に「物が集まらなければ、人を集める外《ほか》はない」と考え、横浜モナコ計画を練った。しかし、貿易港横浜は地盤沈下していたわけではなかった。港湾施設の約九〇パーセントが接収され、使えるのは高島ふ頭だけにもかかわらず、一九五一（昭和二十六）年の貿易では、貿易額は神戸に及ばないが、貨物量では輸出入・移出入合計で神戸を上回り、石炭が好調な若松（現・北九州市）に次いで全国二位。国際貿易港としての地位を保っていた。根岸湾は一九五九（昭和三十四）年から、横浜市の工業都市建設政策に基づき埋立てが始まり、一九六〇年半ばには国際観光基地にかわって重化学臨海工業地帯と工業港が出現した。

公園ふ頭

国際観光港計画のもう一つの柱は、山下町桟橋という新しい客船桟橋の建設である。

新桟橋は、接収中でかつ改修が必要な大さん橋にかわって、観光港機能の主役と期待された。驚くのは山下公園の前という建設場所である。山下公園は日本最初の臨海公園で、港内が一望できる市民の憩いの場所であり、横浜の貴重な観光スポットである。この前を長さ約五〇〇メートル、幅は大さん橋側一〇〇メートル、反対側一三〇メートルで埋

大さん橋に着いた世界一周イギリス客船カロニアを見学する人々　1956（昭和31）年頃
『yokohama 1957』（横浜市 1957年）より　1950年代以降、太平洋や欧州などの定期航路客船のほか、世界一周などのクルーズ客船の入港が増えていった　横浜みなと博物館蔵

め立て、そこに、大さん橋と平行に長さ四五〇メートル、水深一二メートルの桟橋を建設する計画。今の県民ホールの前の海面の延長線上あたりの位置である。これでは臨海公園は台無しである。

接岸能力は八万トン級一隻、一万五〇〇〇トン級二隻（『市政概要　一九五三年版』）。八万トンといえば世界最大客船クイーン・エリザベス級（旅客数約二千三百人）を想定していたことになる。一九五一（昭和二十六）年の横浜港外国航路上陸旅客数は約一万四千人にすぎ

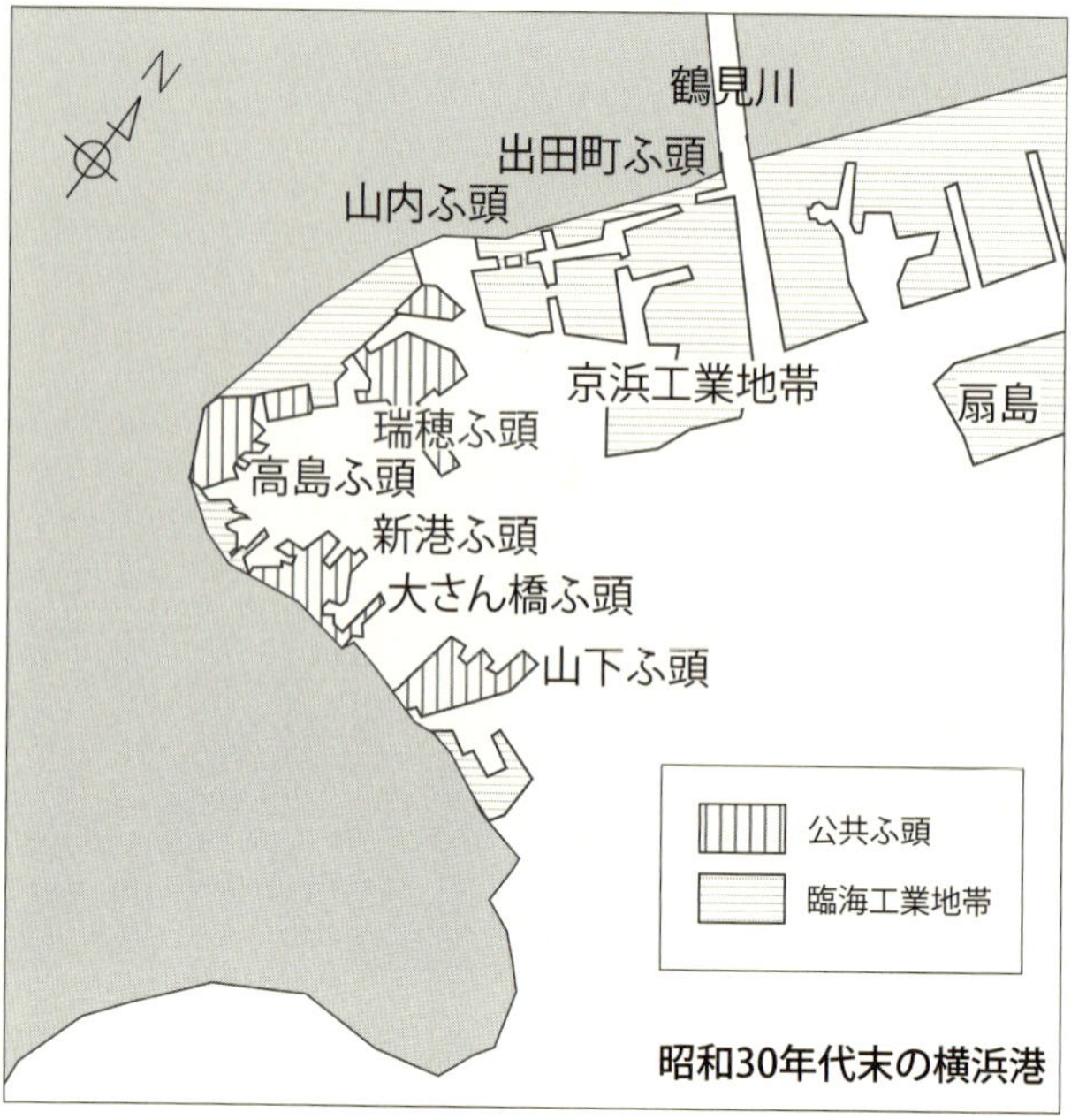

昭和30年代末の横浜港

ない。これは戦前最盛期の六〇パーセントで、このうち外国人は約七千六百人である。

二年後には、太平洋横断旅客数は旅客機が船を上回り、定期航路客船から旅客機の時代に変わろうとしていた。また、大さん橋は接収解除後に二か年にわたる応急修理を行った。こうした状況もあり、山下町桟橋は実現しなかった。

国際観光基地構想は四年ほどで消えたが、この桟橋計画は、一九六一（昭和三十六）年まで「公園ふ頭」の名称で横浜港の将来計画（横浜市港湾局「横浜港改訂港湾計画図」）の一つとして残っていた。実現していたら横浜港の風景は一変していたことだろう。

占領期に生まれた国際観光基地と公園ふ頭構想はまぼろしに終わったが、この時期特有の錯綜感とエネルギーのようなものを持っていた。

なお、小説タイトルの「やっさもっさ」とは、どさくさ、大騒ぎ、大勢よってたかってのとりこみ、大勢でごった返すさまをいう。

《主な参考文献》
本荘秀一著「横浜港復興計画概要」(『港湾』第三巻二十六号)一九四九年五月
横浜市『市政概要一九五一年版』一九五二年
横浜市『市政概要一九五二年版』一九五三年
横浜市『市政概要一九五三年版』一九五四年
横浜市港湾局『横浜の埋立』一九九二年
横浜市『横浜市史Ⅱ　第二巻(上)』一九九九年

ミス横浜と国際観光船歓迎

斎藤栄著
「三人のミス・ミナト」より

ミス・ミナトと準ミス二人の計三人が、しばらく市長室を占領していた。市政PRのために、市で選んだミスを〝一日市長〟に任命したからである。

（略）

「その人たちの住所はわかりますか?」
「ええ、市の観光協会に問いあわせれば」

斎藤栄他著『横浜ミステリー傑作選』河出書房新社　一九八六年（河出文庫）／初出：『推理界』浪速書房　一九六八年九月号

大さん橋上屋屋上で手を振る選出されたばかりの第11代ミス横浜　1963(昭和38)年
横浜観光コンベンション・ビューロー蔵

作者の斎藤栄（一九三三〜）は大学卒業後、横浜市役所職員になり、一九六六（昭和四十一）年江戸川乱歩賞受賞後も一九七二（昭和四十七）年まで作家と公務員生活を続けた。横浜に勤め住んでいるためか、横浜を舞台にした作品が多い。

「三人のミス・ミナト」は、作者の職場である横浜市役所を舞台に、市長室で入札に関する重要書類が紛失したことから始まる短編ミステリー。

事件のカギを握るのは、三人のミス・ミナトである。

国際観光客の接遇

そもそも横浜に「ミス・ミナト」はいなかった。作者の創作であるが、モデルは「ミス横浜」である。ミス横浜の第一の役割は、港での国際観光船と国際観光客の歓迎である。国際観光船はクルーズ客船、国際観光客は外国からの観光客のことである。作者の斎藤は港湾局に五年ほどいたことがあった。こうしたことから、ミス・ミナトにしたのであろう。

ミス横浜は、戦後の横浜港が再び客船で賑わいを見せ始めた時期に誕生した。一九四七（昭和二十二）年十二月には早くも観光客を乗せたアメリカン・プレジデント・ラインズ（APL）の世界一周客船が姿を見せた。翌年、APLは太平洋定期客船航路を開いた。そして、一九五二（昭和二十七）年二月に大さん橋が接収解除された。

前後して、ヨーロッパからの定期航路も再開され、イギリスのP&O汽船がチューサン、ヒマラヤなど、オリエント・ラインがオロンセイ、オーカディスなど、フランスのメサジュリ・マリティム社がラ・マルセイエーズやベトナム、ラオスなどを配船する。また、イギリスのカロニアやスウェーデンのクングスホルムなどの世界一周観光船が寄港するようになる。

客船の入港増加に比例して、アメリカ人を中心とする観光客も増えた。横浜港は日本の東の玄関だった。外国人観光客は横浜を起点に日光、箱根、江の島、鎌倉、東京へと出かけた。こうした観光船と外国人観光客を温かく迎える役目を担うことになったのがミス横浜である。横浜市民を代表して花束や記念品を贈り、横浜に好印象を持ってもらう特使である。国際港都ヨコハマのイメージアップと経済効果を期待した。

ミス横浜を派遣する団体が横浜港国際観光客接遇協議会である。一九五二（昭和二十七）年四月に横浜市が中心になって設立した。構成団体は横浜市、神奈川県、神奈川県観光協会、横浜市観光協会、横浜商工会議所、横浜貿易協会、日本交通公社横浜案内所。目的は、国際観光客の横浜港の埠頭における接遇と、公共的諸行事へのミス横浜の派遣などである。いずれの事業もミス横浜を前提にしたものだった。協議会の最初の接遇は、同年四月四日のAPLのプレジデント・クリーブランド入港歓迎のブラスバンド（音楽隊）

第5代ミス横浜　1957(昭和32)年
ホテルニューグランド屋上にて　横浜観光コンベンション・ビューロー蔵

イギリス客船アイベリア船内で　1960（昭和35)年
船長に記念品を渡すミス横浜　横浜みなと博物館蔵

派遣だった。ミス横浜が登場するのは五か月後である。

ミス横浜誕生

ミス横浜は公募で選ばれた。応募条件は、横浜市内在住の十八歳以上（高校生は除く）で、高校卒業または同等の教育を受けた未婚の女性。任期は一年。主催は横浜市、横浜市観光協会、横浜港国際観光客接遇協議会。

第一回選出会は、一九五二（昭和二十七）年八月十五日に市内中区の野毛の迎賓館で行われた。審査員は声楽家佐藤美子、女優吉川満子、画家木下孝則、写真家安藤不二夫、横浜市助役、横浜市観光協会副会長、神奈川県観光課長など。当選者には賞金一万円に装飾品などの副賞が贈られた。七十六名の応募者の中から、ウォーキング、面接の二次審査を経て、ミス観光横浜五名、準ミス三名が内定した。準ミスが選ばれたのはこの時だけである。しかし、後日、正式に決まったのはミス観光横浜六名。小説のような準ミスはなかった。

第二回は前回をはるかに超える百六十名の応募があり、七名が選ばれた。審査員は作家獅子文六、バレリーナの貝谷八百子、横浜市長、神奈川県知事、横浜市助役、横浜港国際観光客接遇協議会会長、横浜市観光協会副会長、神奈川県観光協会常務理事など。審査員の顔ぶれからもミス横浜への力の入れようがわかる。賞金二万円、副賞は真珠の首飾りや靴など、一段と豪華になった。この二回目まではミス横浜ではなく、ミス観光横浜と呼ばれた。

昭和三十三年度は横浜開港百年祭の年で多くの記念事業があった。このため各区からミス横浜の候補者を三十人選び、この中からミス横浜を十三名選出した。選出人数は翌年度以降六名、昭和四十三年度からは五名になった。

横浜港国際観光客接遇協議会は、一九五五（昭和三十）年に横浜港国際観光客接遇協会と改称し、さらに一九六二（昭和三十七）年頃、横浜国際歓迎協会と改めた。小説では、刑事に尋ねられた市の職員が「市の観光協会に問いあわせれば」ミス横浜のことはわかると答えているが、運営団体はまだ歓迎協会の時代だった。（社）横浜市観光協会（一九六一年設立）がミス横浜事業を行うのは、一九八一（昭和五十六）年に歓迎協会を合併した後である。

港の華・ミス横浜

ミス横浜の初めての出動は、一九五二（昭和二十七）年九月二十二日入港のフランスの定期航路客船ラ・マルセイエーズの歓迎であった。ミス横浜六人全員が派遣された。外国人観光客を乗せた観光船の歓迎が主たる職務だが、定期客船でも観光団が乗船していれば

市長公舎で行われた第13代と第14代のミス横浜の引継式　1966（昭和41)年4月
写真中央は飛鳥田一雄横浜市長　横浜観光コンベンション・ビューロー蔵

第43代ミス横浜　1995(平成7)年　金沢公会堂で行われた決選会で5名が選出された
横浜観光コンベンション・ビューロー蔵

出動した。ミス横浜は、船会社や船舶代理店から要請があれば音楽隊とともに出動した。ミス横浜や音楽隊が派遣されることを出動という。船長に花束、乗船客にはブローチや扇子などの記念品を贈って歓迎した。ミス横浜があらわれると、港も客船も華やいだ。

服装は自前だった。客船訪問のときは振袖が多かった。この小説では、ミス横浜の振袖が視界をさえぎるトリックの小道具として使われている。ユニフォームができるのは一九七九（昭和五十四）年である。

ミス横浜派遣人数は客船によって異なった。船が大きく、乗客数が多いほど派遣人数は多かった。豪華観光船と話題になったカロニア（三万四一八三総トン、船客定員九百三十二名）は、四名が入港だけでなく出港にも出動した。世界一周観光船のロッテルダム（三万七七八三総トン、船客定員千四百九十九名）、キャンベラ（四万四八一七総トン、船客定員千七百二名）は三名、クングスホルム（二万六六七八総トン、船客定員四百五十名）、チューサン（二万四二六一総トン、船客定員千五名）は二名、プレジデント・クリーブランド（一万五四五六総トン、船客定員七百七十八名）や氷川丸（一万一六六二総トン、船客定員二百三十名）、ベトナム（一万三一六二総トン、船客定員三百四十七名）は一名だった。

昭和三十年代は、捕鯨船団の歓送迎にもミス横浜は出動した。この時期は日本捕鯨の全盛期で横浜港も捕鯨基地になった。南米移民船は観光団を乗せて入港した時以外は、ミスの派遣はなく、音楽隊の演奏で歓送迎した。南米移民最盛期の昭和三十年代前半、音楽隊出動は年間二十回を超えた。

ミス横浜の活動は次第に定着し、出動回数は年々増えていった。昭和三十一年度は観光船二十四回、移民船二回、捕鯨船三回、軍艦三回、国際仮装行列などのパレード四回、パーティー二回、その他イベント開会式や一日検疫所長など十一回の計四十九回だった。それが三十六年度には観光船五十回、捕鯨船七回、軍艦四回、初入港外国貨物船三十一回、新造日本貨物船十一回、パレード一回、その他十六回の計百二十回に増えた。

ミス横浜には、出動費として昭和三十年代中頃で一回三千円（交通費含む）が支給された。依頼者は無料である。

ミス横浜から横浜観光親善大使へ

旅客機の発達で七〇年代前半には、定期客船の時代は終わりを迎える。横浜港発着の客船定期航路もナホトカ航路を除いて廃止され、世界一周観光船の入港数も減った。移民船、捕鯨船は姿を消した。代わって増えたのが新造の日本の貨物船就航と初入港外国貨物船への出動である。

一方で、ミス横浜は一日税務署長、輸出見本市開会式、横浜文化賞贈呈式、高速鉄道起工式、姉妹都市市長歓迎、札幌雪まつりなど船以外の活動が多くなった。次第に港・船から街へと活動の場を移していた。活動の場面は広がっていったが、「一日横浜市長」になったことはなかった。

また、一九八六（昭和六十一）年に横浜市港湾局は、市民ボランティア通訳のポートガイドを公募し、スタートさせた。横浜港への海外からの来訪者や初入港外国船歓迎訪船時の通訳、港湾関係イベントでの接遇と通訳などで、横浜港の民間外交官として活動を始めた。初入港客船の歓迎時には、ミス横浜と一緒に派遣されている。

ミス横浜に大きな転機が訪れるのは、一九九九（平成十一）年頃である。男女雇用機会均等法（改正）、男女共同参画社会基本法、横浜市男女共同参画推進条例の制定など、女性を取り巻く社会情勢の著しい変化が要因だった。当時、いわゆるミス・コンテストに対する批判が噴出していた。こうした状況に対応して、東京都や札幌市、広島市などの各都市では、「ミス」の廃止または見直しを行った。

既婚女性と男性を排除していたミス横浜制度も見直された。その結果、五十代続いたミス横浜は二〇〇二（平成十四）年に終了した。翌年、代わって生まれたのが横浜観光親善大使である。男性や外国人の親善大使も選ばれている。横浜観光親善大使は「横浜市民の代表として横浜市のシティーセールスを行うＰＲパーソン」と位置づけられた。役割は港頭における観光船と外国人観光客歓迎から横浜の観光振興の一端を担うことになったのである。観光親善大使になってもクルーズ客船の初入港や出航式などには出動している。運営は、横浜市観光協会の後身の（公財）横浜観光コンベンション・ビューローである。

ともあれ、ミス横浜は、戦後の横浜港が客船の港として、ひと際輝いていた時代の産物だった。

《参考文献》
YOKOHAMA CITY OFFICE 'YOKOHAMA' 1959 ~ 1960 Edition,1960
横浜国際観光協会『社団法人横浜国際観光協会のあゆみ』一九九八年
『横浜港国際観光客接遇協会　事業報告』昭和二十七年度～三十六年度

戦後の移民船と母国観光団

岡松和夫著
『魂ふる日』より

移民船の「ぶらじる丸」は、外国客船と反対側の岸壁、それも大桟橋の一番先に、ひっそりと碇泊していた。

（略）

「目立たないから見物に来る人

だっていないでしょう。でも、移民の人たちが出発する時は、これでも、幟旗を振る人やら泣く人やら、大変な騒ぎになるの。それに比べると、ああいう観光船は優雅なものね。音楽隊が螢の光を鳴らして、その中をすうっと出て行くんだもの」

岡松和夫著『魂ふる日』文藝春秋一九八〇年／初出：『文學界』一九七九年一月号〜十二月号連載

大さん橋を出港する南米移民船ぶらじる丸　1960年代
船から無数の紙テープが舞い、桟橋は見送りの人で埋め尽くされた　横浜みなと博物館蔵

『魂ふる日』は作者の岡松和夫（一九三一〜二〇一二）の自伝的小説。小説家を目指している主人公の康と妻を中心に、同世代の男女の生き方が描かれている。

康は一九五七（昭和三十二）年に結婚して横浜の私立高校の講師となり、市内に引っ越した。小説を書くために横浜のことを知りたいと思い、友人の紹介で横浜市史編集室の大谷多津子を知る。大谷のつてで、刑務所や警察署、移民船などを見学する。小説には最盛期の南米移民船がスケッチされている。

観光船と移民船

当時の横浜港にはアメリカやイギリス、フランスの定期航路客船や世界一周客船が頻繁に入港していた。ほかに客船で目立ったのは、毎月二隻出港する南米への移民船であった。

戦後の移民は、一九五二（昭和二十七）年十二月、新造貨客船さんとす丸の神戸出港で始まった。ブラジルのアマゾン河流域のジュート（黄麻）栽培のための移民だった。政府による渡航費（船賃）貸付による組織的な移民の最初であった。戦後の移民を促した要因は、膨大な失業者、引き揚げによる人口の急増、食糧難である。政府は移民送り出し機関として、一九五四（昭和二十九）年に財団法人日本海外協会連合会を設立した。

移民先はブラジルが八割を占め、次いでパラグアイが一割、ほかにアルゼンチン、ボリビア、ドミニカなどであった。南米移民はちょうどこの小説の時代、一九五六（昭和三十一）年から一九六〇（昭和三十五）年までは毎年六千から八千人を数え、最盛期を迎えていた。出港の日の埠頭は見送りの人々で埋め尽くされた。

引用の部分は、横浜育ちの大谷の言葉である。大谷はぶらじる丸に幼馴染が航海士で乗っていることもあり、何度も大さん橋で移民船を見ていた。同時に碇泊している、船旅を楽しむ華やかな雰囲気の外国客船と、「田んぼを売り、家を始末して」母国を離れて海外移住のために乗る移民船の佇まいが違うのは当然であろう。移民船にはミス横浜による歓送迎もなかった。「観光船は優雅なものね。音楽隊が螢の光を鳴らして、その中をすうっと出港していく、と言っているが、移民船も観光船同様、神奈川県警察か横浜市消防局の音楽隊の演奏に送られて出港した。出港に際しては壮途を祝して、横浜港国際観光客接遇協会から乗船客代表に、航海中の無聊を慰めるために囲碁・将棋各一組が贈呈された。横浜市内出身者には別に横浜市から医療品が贈られた。

大阪商船とＲＩＬ

南米移民船というと、戦前から実績のある大阪商船の独占と思いがちだが、戦後はもう一社あった。政府扱い移民の前に、戦後間もなくから現地の日系人の近親者や雇用者による自費渡航の呼び寄せ移民が始まっていた。この輸送を行ったのが、一九四七（昭和二十二）年に設立されたオランダのロイヤル・インターオーシャン・ライン（ＲＩＬ）。戦前、極東―オランダ領ジャワ―南アフリカ航路を経営していたコニンクリーケ・パケットヴァールト・マートシャッピー（ＫＰＭ）と、日本―中国―オランダ領ジャワ航路を経営していたジャワ・チャイナ・ジャパン・ライン（ＪＣＪＬ）が合併して設立した。使用船は元ＫＰＭの一万四〇〇〇総トンのボイスベン、テゲンベルグ、ルイス、及び元ＪＣＪＬのチチャレンカ、チサダネの五隻。横浜発南アフリカ経由サントスまで五十八日ほどの航海を年間十二便運航した。さんとす丸就航後は、大阪商船とともに政府扱いの移民船隊に加わった。戦後の移民輸送はこの二社が大部分を行い、とりわけ大阪商船が八割近くを輸送した。

大阪商船は南米移民が軌道に乗ると、一九五三（昭和二十八）年、ニューヨーク航路の同型貨物船のあめりか丸とあふりか丸を移民船に改造し、投入した。また、移民先がアマゾンを中心にブラジル北・中部が多かったこともあり、航路を南ア経由からパナマ経由に変更した。さらに移民の拡大が見込まれたため、一九五四（昭和二十九）年、戦後初の移民船ぶらじる丸（二代）を建造した。一万一〇一総トン、三等定員九百二人。三等客は移民である。続いて、四年後に一万八六四総トン、三等定員九百六十人のあるぜんちな丸（二

ぶらじる丸(二代)の三等食堂
席数106席。ステージと講演台などを備え、多目的に使われた　商船三井蔵

代)を建造して、五隻で毎月配船とし、輸送力も大幅にアップした。この間、さんとす丸を移民船に改造して船隊整備を図った。

横浜移住あっせん所

移民数は増加していたが、移民が渡航の準備をするあっせん所があるのは神戸だけだった。このため外務省は、一九五六(昭和三十一)年三月、東日本地区出身の移民の便宜を図る目的で、横浜市中区本町に横浜移住あっせん所を開設した。旧横浜証券取引所ビルの一部を改修したものである。小説のなかでも、康たちを船内の仮設の鉄製ベッドが並ぶ三等船室に案内した後、航海士が横浜移住あっせん所について、「あそこに出発の何日か前に集まってくるんですね。あそこの三階と四階が、移民船の船室そっくりになっていましてね。身体検査があったり、簡単な講習会があったりするわけです」と説明している。確かに所内には長い船内生活に慣れるように、船室に似せた大部屋や大食堂、配管パイプがむき出しになった廊下などがあった。そこは、国からの渡航費支給移民を約十日間入所させ、心構えや渡航先の社会・経済・産業・農業事情、言語などを訓練講習し、査証申請手続きや通関、乗船などのあっせん、健康診断や予防接種を受け、渡航費や支度金等の支給手続きなどを行って、渡航手続きを完了させる場所だった。五年後、磯子区に新館が建設されて移転した。

一九六三（昭和三十八）年に海外移住業務の内外一貫体制のため特殊法人海外移住事業団が設立されると、磯子のあっせん所は事業団に移管されて横浜海外移住センターと改称した。神戸移住センターは、神戸港からの最後の移民船となったぶらじる丸を送り出した一九七一（昭和四十六）年に合理化のため閉鎖され、横浜の移住センターに統合された。

横浜は、東航南米航路の大阪商船の移民船の日本最終出港地であったため、あっせん所開設以降は横浜から多くの移民が旅立つことになり、南米移民の送り出し港となった。

横浜移住センター（磯子区）　JICA横浜 海外移住資料館蔵

観光船で大さん橋に降り立つ船客のなかには日系の人々がいた。彼らはハワイと北米移民の一世、二世で、春と秋に団体で日本観光のために里帰りした。多くは、アメリカン・プレジデント・ラインズ（APL）のプレジデント・ウイルソンとクリーブランドでやってきた。日本郵船の氷川丸が一九五五（昭和三十）年からホノルルに随時寄港するようになると、シアトルやバンクーバーのほかハワイからの里帰り観光団も利用するようになった。ハワイからの母国観光団の歴史は古く、一九一二（明治四十五）年、約五十人が東洋汽船の春洋丸で来日している。この団長に引率された母国観光の発案者は、ハワイで新聞発行や請負業をしていた横浜出身の牧野譲であった。母国観光は太平洋戦争まで盛んに行われた。戦後も一九四九（昭和二十四）年には早くも、アメリカ船ゼネラルW・H・ゴードンで二団体が横浜に着いた。新聞はアロハ観光団と呼んだ。ブラジルからの母国観光団はわずかだった。

戦前に渡航したハワイ移民の里帰り観光団　1962(昭和37)年
熊本屋旅館前での記念撮影　横浜みなと博物館蔵

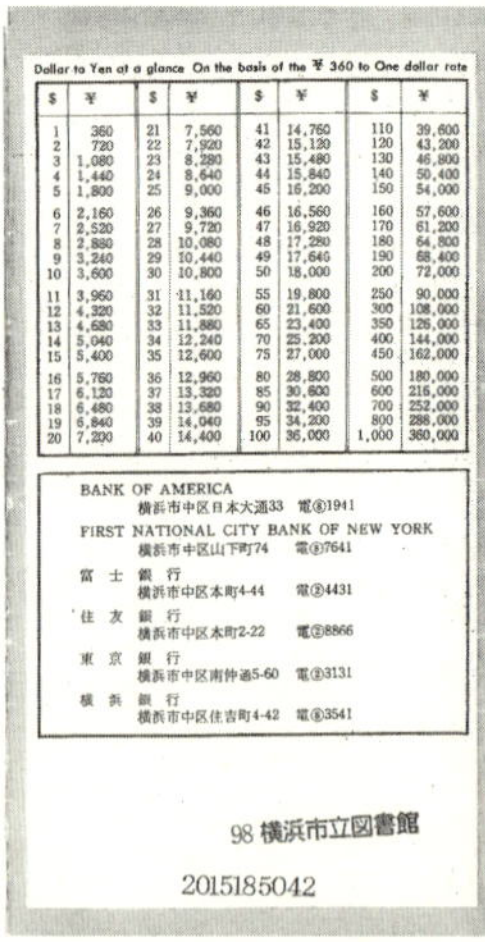

Dollar to Yen at a glance On the basis of the ¥ 360 to One dollar rate

$	¥	$	¥	$	¥	$	¥
1	360	21	7,560	41	14,760	110	39,600
2	720	22	7,920	42	15,120	120	43,200
3	1,080	23	8,280	43	15,480	130	46,800
4	1,440	24	8,640	44	15,840	140	50,400
5	1,800	25	9,000	45	16,200	150	54,000
6	2,160	26	9,360	46	16,560	160	57,600
7	2,520	27	9,720	47	16,920	170	61,200
8	2,880	28	10,080	48	17,280	180	64,800
9	3,240	29	10,440	49	17,640	190	68,400
10	3,600	30	10,800	50	18,000	200	72,000
11	3,960	31	11,160	55	19,800	250	90,000
12	4,320	32	11,520	60	21,600	300	108,000
13	4,680	33	11,880	65	23,400	350	126,000
14	5,040	34	12,240	70	25,200	400	144,000
15	5,400	35	12,600	75	27,000	450	162,000
16	5,760	36	12,960	80	28,800	500	180,000
17	6,120	37	13,320	85	30,600	600	216,000
18	6,480	38	13,680	90	32,400	700	252,000
19	6,840	39	14,040	95	34,200	800	288,000
20	7,200	40	14,400	100	36,000	1,000	360,000

BANK OF AMERICA
横浜市中区日本大通33　電⑧1941
FIRST NATIONAL CITY BANK OF NEW YORK
横浜市中区山下町74　電⑧7641
富士銀行
横浜市中区本町4-44　電②4431
住友銀行
横浜市中区本町2-22　電②8866
東京銀行
横浜市中区南仲通5-60　電②3131
横浜銀行
横浜市中区住吉町4-42　電⑧3541

98 横浜市立図書館

2015185042

訪日観光　横浜観光案内図　1958（昭和33）年頃
横浜外航旅館組合　観光のためアメリカ客船で里帰りしたハワイ移民の１世、２世の団体客向け横浜観光案内。外航旅館は戦前、彼らが渡航前に宿泊した旅館（移民宿）　横浜市中央図書館蔵

観光団は市内の旅館やホテルに宿泊した。旅館は戦前、通称移民宿と呼ばれた外航旅館であることが多かった。そこは、彼らが渡航までの数日間を、不安と少しの期待を抱えて過ごした場所だった。渡航前と同じ宿に、戦後再び今度は観光客として泊まった。明治から大正期、横浜はハワイ、北米移民の送り出し港だった。彼らにとって横浜は第二の故郷だったという。旅館と便りを交換し、親戚付き合いをしている人もいた。戦前からの宿には偕楽園、熊本屋、鳴門ホテルなどがあり、戦後開業したところでは横浜ホテル、富士松旅館、ハワイ屋、一富士旅館、港暘館《こうよう》などがあった。旅館やホテルは彼らを「在邦さん」と呼んだ。在留邦人を略した呼称である。戦前も戦後も大切なお客だった。

横浜港国際観光客接遇協会はこうした旅館を訪れ、母国観光団の全員にブローチや日本手拭いといった記念品と横浜のパンフレットを贈呈して歓迎した。これに市長のメッセージが添えられることもあった。横浜市の観光と経済にとっても外国からの観光客である在邦さんは大事だった。

余談だが、昭和二十年代後半の一時、観光団が来日しはじめた頃、観光団を目当てに外航旅館に出張した人々がいた。銀行員である。銀行は旅館に頼んで、競って出張両替に出掛けた。一人あたり二十ドル、三十ドルと少額で、手間に比べて割に合わない仕事だったというが、ドルが貴重な時代だった。

最後の移民船にっぽん丸の横浜出港
1973（昭和48）年2月14日　JICA横浜海外移住資料館蔵

最後の移民船

昭和三十年代前半の横浜港は、戦前からのハワイ、北米と、戦後の南米への移民が交錯していた。例えば、一九五七（昭和三十二）年九月二日、ぶらじる丸で南米移民二十八家族百七十三名が出港。三日後の九月五日、ハワイから一世観光団八団体百七十九名がミス横浜に迎えられ、プレジデント・ウイルソンで来日。南米移民とハワイ母国観光団は、横浜港の客船の戦後史であった。

南米移民はほどなく減少の一途をたどる。大阪商船は、政府から移民増加による輸送船隊の増強を要請されたため、一九六三（昭和三十八）年から三等船室がある巡航見本市船さくら丸を傭船し加えた。しかしこの時期、移民のピークは過ぎて減少傾向にあり、輸送力は供給過剰になっていた。すでに一九六一（昭和三十六）年、募集内容と大きく違う移住地の現状に耐え兼ねて、ドミニカ移民が集団帰国したドミニカ事件を契機に、南米移民は激減していた。また、日本国内では高度経済成長が始まっていた。豊かになりつつある母国を離れる人はいなくなっていた。

　最後の移民船にっぽん丸（前名あるぜんちな丸）が、二百八十五人の移民を乗せて横浜港を出港したのは一九七三（昭和四十八）年二月十四日。以後の移民には旅客機が使われた。

《主な参考文献》
海外移住事業団『海外移住事業団十年史』一九七三年
高橋幸春著『日系人　その移民の歴史』三一書房　一九九七年（三一新書）
山田廸生著『船にみる日本人移民史』中央公論社　一九九八年（中公新書）
赤坂忠次著「日本―南米東岸航路　移住者輸送史」（『移住研究』No.10）海外移住事業団　一九七四年三月
布哇（ハワイ）日系人連合協会『ハワイ日本人移民史』一九六四年

マリンタワーの誕生

吉行淳之介著
『砂の上の植物群』より

眼の前に、塔が立っていた。塔の胴の中を、黄色く灯《あかり》をともした昇降機が、上下しているのが見えた。最近建てられた観光塔なのである。

（略）

二台の昇降機が絶え間なく上

下している。ゆっくりした速度で昇ってゆく昇降機のなかで、客は彼一人だった。制服を着たエレベーター・ガールが、観光ガイドの口調で、観光塔の説明をはじめた。

（略）

ガラス張りの円型展望台の四辺には、夜景が拡がっている。港は暗く、桟橋と貨物船の燈火《とうか》が、黒と灰色の底で光っていた。

吉行淳之介著『砂の上の植物群』新潮社（新潮文庫）一九六八年／初出：『文學界』一九六三年一月～十二月号連載

山下公園と赤白七等分に塗り分けられたマリンタワー
1960年代　手前の船は港内観光船　横浜みなと博物館蔵

吉行淳之介（一九二四〜一九九四）の『砂の上の植物群』は、冒頭部分に山下公園とマリンタワーが出てくる。小説は、「港の傍《そば》に、水に沿って細長い形に拡がっている公園がある。」で始まる。公園は山下公園である。男は公園のベンチに腰をおろして、夕暮れ時の海を眺めている。男は化粧品のセールスマン。しばらくして、海に背を向けると、「眼の前に、塔が立っていた」。塔はマリンタワー。「最近建てられた観光塔なのである」の後には、「そういえば、噂は聞いていた。しかし、見るのは初めてだ」と続く。そして、塔で女子高生と出会い、物語は始まる。

この小説はタワー開業の一年後ぐらいに書かれた。マリンタワーは話題の存在だった。

タワー建設の発端

マリンタワーの建設が具体化したのは、横浜開港百年に当たる一九五八(昭和三十三)年であった。同年九月、建設、経営に当たる横浜展望塔株式会社の発起人会、翌月に創立総会がそれぞれ開催された。

しかしながら、建設の発端については、はっきりしていない。氷川丸マリンタワーの社史『二〇年の歩み』では、山下公園が接収中のこともあり、横浜を訪れる修学旅行団体や観光客は大さん橋に集中、年ごとに増加し、荷役作業に支障がでることもあり、こうしたなか、横浜開港百年記念の年に神奈川県、横浜市、港湾関係者、その他有志により記念塔をつくる機運が高まった、と記している。同『三〇年史』では、開港百周年記念行事の一環として横浜市と民間有志の間で、一九五八年にモニュメント創設が発議され、これが横浜海洋文化センター建設計画として進展し、海洋博物館、レストハウスをもつ展望塔建設となった、と述べている。動機と推進者が微妙に違っている。

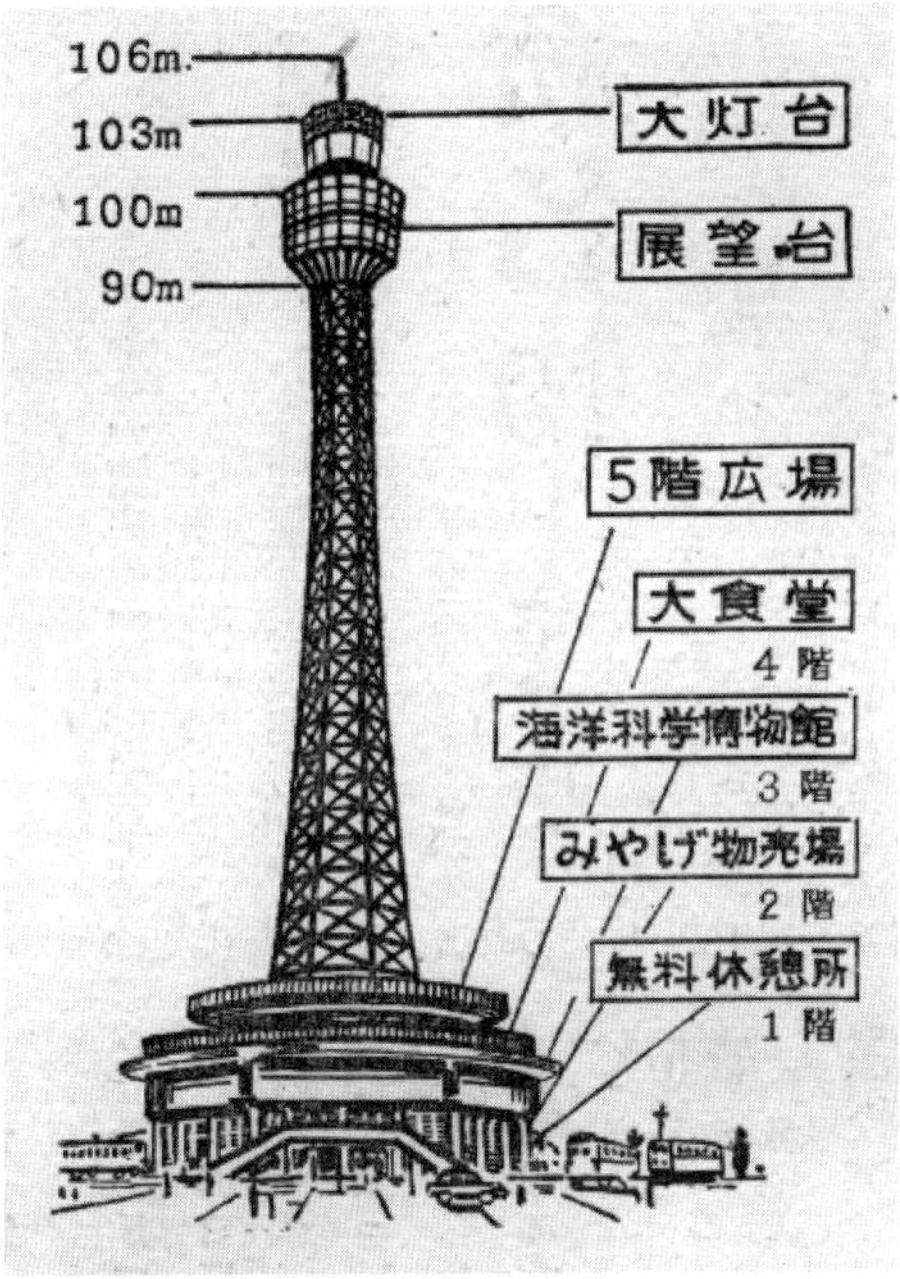

マリンタワー案内図　「ハマの新名所・マリンタワー」（1961年２月号『海の世界』　日本海事振興会発行）より
横浜みなと博物館蔵

もう一つ、マリンタワー内に開館した横浜海洋科学博物館の『二〇年の歩み』では、建設の経緯を次のように記述している。港見学の生徒や観光客、市民は増えていったが、大さん橋以外に受け入れる観光、教育施設はほとんどない現状を踏まえ、一九五七（昭和三十二）年十一月のシルク

山手から見た建設中のマリンタワー　1960（昭和 35）年頃
マリンタワーはどこからでもよく見えた　横浜市史資料室蔵

ホテル発起人会で、横浜エゼント会会長※（関東運輸社長）の串田可一が神奈川県知事と横浜市長に海洋博物館建設の必要性を提案した。知事、市長の即答は得られなかったが、この提案は賛同者を得て推進されていった。

※エゼント会とは船会社の依頼を受け、輸出入貨物の受け渡しを行う業者の団体

横浜海洋文化センター構想

マリンタワー開業三か月前に串田は、雑誌『海洋』（一九六〇年十一月号）の巻頭言に「横浜港海洋センター」と題して寄稿した。このなかで串田は、横浜港への観光客は年間百五十万とも二百万ともいわれ、その大部分の学生達が横浜港に来てどれほどの知識を吸収して帰るか、どうしても海洋に関する展示施設がほしいと考えるようになった。そして、紆余曲折を経てようやく展望台、灯台に海洋博物館を併置した海洋文化センターの開館を見ようとしている、長い間の私の念願を達成されることになると、感慨深げに語っている。

また『三〇年史』の座談会のなかで、当時横浜船主会会長（日本郵船横浜支店長）で、横浜市の開港百年記念事業の実行委員でもあった川口又男は、記念事業で何かやれということになって、「港と海洋に関連したものを、ということで、全国的でも珍しかった『海洋博物館』構想でした」と振り返っている。

夢の横浜港海洋文化センター　『海洋』1960年11月号表紙（海洋会発行）
海洋科学博物館と展望塔が同センターの中心になり、将来計画では水族館建設も語られていた　横浜みなと博物館蔵

こう見てくると、マリンタワー建設の発端は、串田の海洋博物館提案と、たぶんこれを前提にした海運・港湾関係者の開港百周年記念事業としての海洋博物館構想で、これが発展して横浜海洋文化センターになったと考えられる。

横浜展望塔が、一九五八（昭和三十三）年十月に横浜市長あてに提出した横浜海洋文化センター建設への協力依頼の文書には「今春以来横浜開港百周年の記念事業として海運港湾関係者を中心とする民間有志が集まり貴関係各局の御高配の下に準備を進めて参りました」とあるように、民間主導で開港百周年事業として進めていたことがわかる。中心となったのは串田、川口と横浜曳船会社社長早田成雄である。

横浜海洋文化センターは、山下公園と道路を隔てた中区山下町十四、十五番地に、灯台と展望台を有する高さ一〇六メートルの鉄塔を建て、二階（実際は三階）に海洋博物館、一階に無料休憩所を設置し、事業の性質上、展望塔は株式会社、博物館は財団法人、休憩所は横浜市が運営するという計画だった。青少年に対する海事思想の普及と観光による横浜経済への寄与を趣旨としていた。

民間でタワーをつくったという点では、地元商店街の人々が街の戦後復興に通天閣を再建しようと、観光会社を設立して建設した大阪の先例がある。横浜も同じように民間の有志が資金を集めてタワーを建てるが、海洋博物館とセットで、展望塔から横浜港を見学して、生徒や市民、観光客に港や船、海のことを知ってもらおうとするところが横浜らしい。

建設用地の確保

横浜展望塔（社長は南洋物産社長の八馬《はちうま》仙蔵、資本金二千五百万円）は、展望塔建設に着手した。早田は常務取締役、川口と串田は取締役で采配を振るった。

まず行ったのは、建設用地確保のための土地の交換だった。

建設地の山下町十四、十五番地千百十一坪は昭和電工所有だったが、同社から借地せず、換地という方法をとった。まず、日本郵船所有の山下町十一番地四百九十一坪を横浜市とドイツ連邦共和国の所有にし、横浜市とドイツ所有の計千五十六坪を昭和電工所有に換地、さらに建設地である山下町の千百十一坪を昭和電工分を残して、日本郵船、横浜市に換地した。そして、日本郵船の土地四百九十一坪は横浜展望塔が買い取った。横浜市所有分と昭和電工所有分は賃貸することにした。錬金術のような操作である。

もともと資金がないところからスタートしたプロジェクトであった。資金繰りは大変で、塔体のネオン広告料の五年間一括前払いや売店出店者と四階食堂賃貸の保証金、博物館建設委託金などでやり繰りしたという。

タワーの建設

展望塔の設計はいくつかのプランを集めて検討した結果、清水建設設計部に依頼した。塔の形は、一九五八(昭和三十三)年七月の横浜海洋文化センター建設準備会の段階でほぼ出来上がっており、新聞に発表されていた。塔の鉄骨・組立工事は石川島播磨重工業に、その他建築工事は清水建設に発注した。総工費二億六千百万円。一九五九(昭和三十四)年十二月に着工した。

ところで、海洋博物館構想からどういう経緯で、展望塔へとステップアップしたのかは不明であるが、昭和三十年代はタワー(電波塔、観光塔)建設ラッシュの時代であった。

一九五四(昭和二十九)年の名古屋テレビ塔(高さ一八〇メートル)から一九五六(昭和三十一)年大阪の通天閣(高さ一〇三メートル)、一九五七(昭和三十二)年別府テレビ塔(現在、別府タワー、高さ一〇〇メートル)と札幌テレビ塔(高さ一四七メートル)、一九五八(昭和三十三)年東京タワー(高さ三三三メートル)、一九六四(昭和三十九)年博多タワー(現在、博多ポートタワー、高さ九〇メートル)と次々に建てられた。この六塔の構造設計は、「塔博士」と呼ばれた早稲田大学教授内藤多仲《たちゅう》が行った。タワー建設は、テレビ時代を受けて電波塔や通信局として必要となり、また、レジャーブームを背景に新しい観光施設として観光塔、展望塔を建設する動きと合体した。戦後復興と街のシンボルという意味もあった。

マリンタワーには、電波塔の役割はなかった。作中の男が言うように「観光塔」には違いないが、それだけではない。港を見学するという教育的な面があった。もちろん、観光資源に乏しかった横浜の有力な観光施設として期待された。マリンタワーは、先の「塔博士」内藤の四本の足で立ち上がる形状のタワーとは明らかに異なる円柱形のタワーである。力強さはないが、山下公園の緑と港というロケーションにマッチしたスマートな形である。

構造は四階建、鉄骨鉄筋コンクリート造及び鉄筋コンクリート造、塔体は鉄骨造り自立式十角構桁型。小説では「円型展望台」としているが、展望台は二十角形で二層構造。塔体はX形のブレースが並び網目状に見える。これは東京タワー建設で用いられた耐風、耐震のための基本的で経済的な形だという。灯台と展望台屋根、外壁、窓には軽量化のためアルミニュームを使ったが、塔全体の重さは約一万二〇〇〇トン。使用資材は鉄骨五五〇トン、鉄筋三五〇トン、コンクリート一万一〇〇〇トンに及んだ。

横浜海洋科学博物館建設と灯台

横浜海洋科学博物館（現・横浜みなと博物館）は展望塔会社と並行して串田、川口、早田を中心に準備が進められた。一九五八（昭和三十三）年十月の設立準備のための最初の打ち合わせ会には、横浜市助役、神奈川県商工部長をはじめ海運、港湾、観光関係者など二十七名が集まった。組織は財団法人とし、独立採算制、展望塔との共通入場券等の運営方針と博物館の性格を海洋科学博物館とすることなどが決まった。翌年三月設立発起人会、五月に法人登記を完了した。理事長は横浜市長、常務理事は横浜市助役と串田、理事には横浜市経済局長、神奈川県商工部長、関東運輸局長、第三管区海上保安本部長、関東造船会代表、横浜船主会代表、横浜港運協会会長、海洋会代表、神奈川新聞社事業部長、日本交通公社横浜案内所長など、監事に横浜市財政局長、横浜商工会議所専務理事が就任した。市、県、海事官公庁と海事関係団体を網羅し、横浜市の全面的なバックアップを受ける形となった。

一九六〇（昭和三十五）年、理事会内に総務、展示、資金の三つの委員会を設置し、開館準備作業を開始した。展望塔会社同様、博物館も資金ゼロからのスタートだった。財団の基本財産は目標を大きく下回る五十万円に止まった。半分は横浜市、残りは串田と片岡治郎（富士倉庫社長）、筒井佐太郎（日新運輸倉庫社長）、藤木幸太郎（藤木企業社長）の港湾関係者四名からの出捐《しゅつえん》だった。収入は県と市から補助金各五百万円と民間からの寄付頼みだった。建設費のうち二千五百万円は銀行からの借入。展示は海洋、海運、造船、水産、漁業・捕鯨、港湾、港運の六つのテーマで構成された。その展示品の多くはテーマに合わせて海運、造船、水産、港運関係の会社や団体に寄贈あるいは貸与を依頼して集めた。各委員は精力的に活動して、日本で初めての公開された海洋科学博物館の開館を目指した。館長には、海事思想の普及に情熱を注いでいた関谷健哉元運輸省航海訓練所長が就任することになった。

塔頂部の灯台設置は計画の早い段階から決まっていた。といっても、横浜港内には船の航路から見てこうした灯台が必要というものではなかった。タワーのシンボルの役割の方が大きかった。一九五九（昭和三十四）年に海上保安庁の設置許可を受けた。九〇センチ回転灯器が十秒ごとに紅と緑で閃光する。光達距離は二五・三海里（約四七キロメートル）。横須賀市の観音崎あたりからは楽に見える。結果的にはこの灯台が大きな宣伝効果を発揮した。灯台は、地上からの高さ（一〇六メートル、灯火の設置は一〇一メートル）では世界一の灯台として認定され、ギネスブックに記載されたからである。

なお、灯台は二〇〇八（平成二十）年、リニューアルにともない機能を停止した。

展望塔からマリンタワーへ

一九六〇（昭和三十五）年五月、展望塔のPRのため愛称を新聞で募集し、「ヨコハマ・マリンタワー」と決まった。以後、展望塔にかわり、マリンタワーが名称として使用される。

一九六一（昭和三十六）年一月十四日、横浜市、横浜展望塔、横浜海洋科学博物館の共催で横浜海洋文化センターの竣工式と披露パーティが盛大に開催された。計画からわずか三年という早さだった。そして翌十五日に開業。料金は大人百円、中・高生八十円、小学生五十円。港

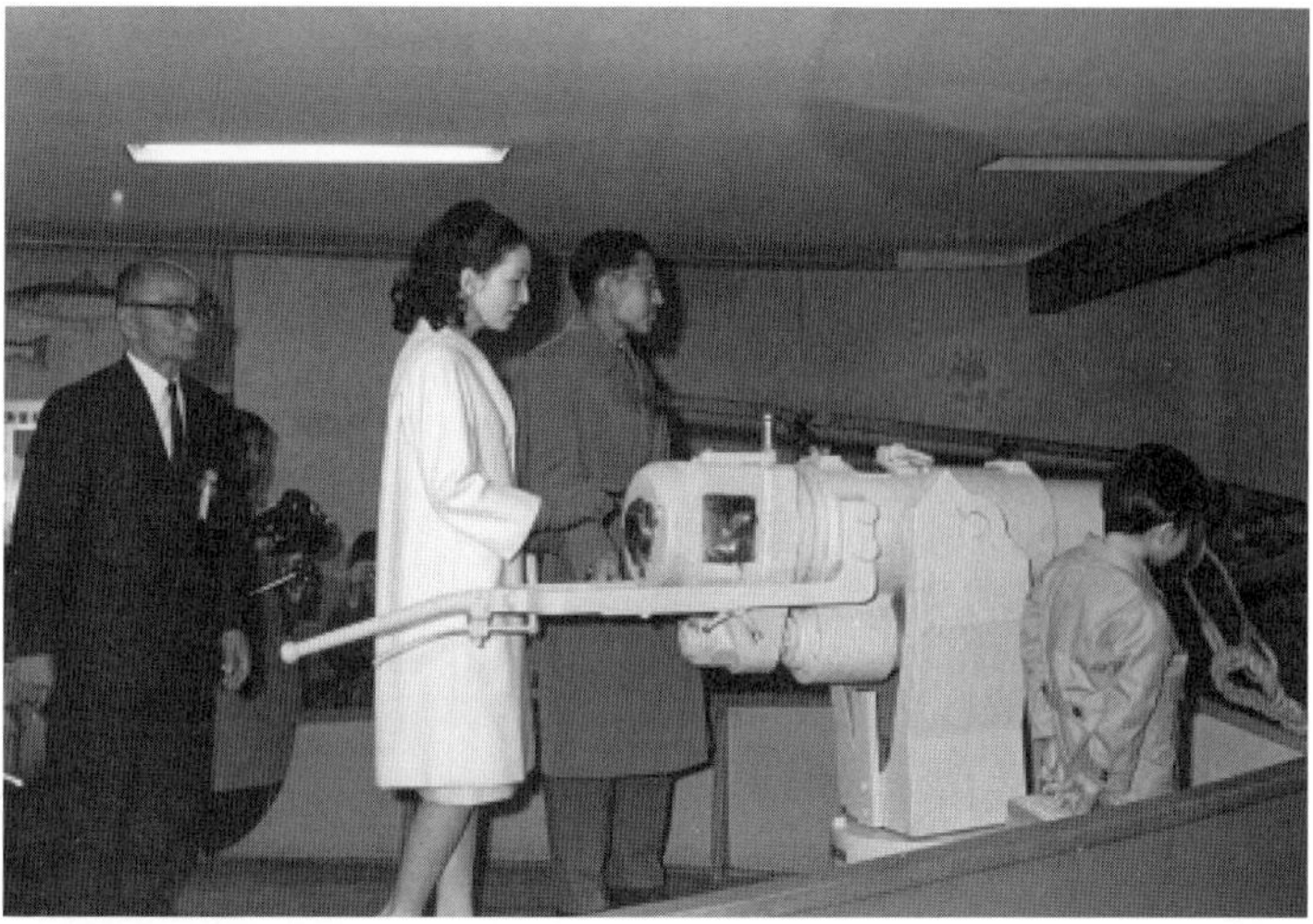

横浜海洋科学博物館を見学される皇太子（今上天皇）、同妃殿下、浩宮さま
1966（昭和41）年　左端は関谷健哉館長　横浜みなと博物館蔵

と市街が一望できるマリンタワーはたちまち横浜の新名所になった。展望のほか、日本初の総合的な横浜海洋科学博物館、ギネスブックに記載された地上からの高さでは世界最高の灯台も話題を呼び、見どころも豊富で新鮮だった。事前の宣伝もあり一年目の利用客は八十三万五千人を数えた。以後、毎年ほぼ六十万人で推移した。

横浜展望塔は一九六七（昭和四十二）年、元シアトル航路貨客船氷川丸を経営していた氷川丸観光と合併、氷川丸マリンタワーとなった。氷川丸観光は船主だった日本郵船、神奈川県、横浜市が中心になって設立した会社である。一九六〇（昭和三十五）年に引退した氷川丸を山下公園前面の水域に係留し、翌年六月からは宿

海から見た横浜マリンタワー　2010(平成22)年　森日出夫撮影

泊できる観光施設として経営していた。マリンタワー同様、海事思想の普及と横浜の観光に貢献してきた。事業目的が類似した両社が、合併による一体的経営で、事業の強化と効率化をめざしたものだった。

マリンタワーは、氷川丸、山下公園とともに、みなとみらい地区が整備されるまでのおよそ四十年間、横浜観光のメッカであり、横浜の観光都市としての発展を担った原動力だった。しかし、まわりにマンションが建設され、はるかに高い横浜ランドマークタワーもできた。眼下に見下ろした横浜港も中心部は沖合へと移動した。タワー利用客は減少した。氷川丸の乗船客も減少していた。二〇〇六（平成十八）年十二月、マリンタワーは氷川丸とともに四十五年間の営業を終了した。所期の役割を終えたのである。

その後、マリンタワーは横浜市が買い取り改修工事を行った。運営会社を募集して、横浜開港百五十周年記念事業で二〇〇九（平成二十一）年五月に横浜マリンタワーとしてリニューアルオープンを果たした。

マリンタワーは横浜港で仕事をする海運、港湾、貿易関係の人々が、横浜市の協力を受けながら無手勝流で、情熱とその思いでゼロからつくり上げたものである。港も街も五十年の間に表情をすっかり変えたが、マリンタワーは今でも港町横浜の欠かせぬ存在である。

《参考文献》
氷川丸マリンタワー『二〇年の歩み』一九八一年
氷川丸マリンタワー『氷川丸マリンタワー三〇年史』一九九一年
横浜海洋科学博物館『横浜海洋科学博物館二〇年の歩み』一九八四年
ＩＮＡＸ出版『タワー　内藤多仲と三塔物語』二〇〇六年

シップ・チャンドラーの仕事

『傷痕の街』より
生島治郎著

シップ・チャンドラー、と云っても、いったいどんな商売か正確に知っている人は少いだろう。これは、入港中の船に不足した食料や船具を納入してマージンをとる、いわば海のブローカーだ。

（略）

新築のアパートみたいな倉庫の間を通りぬけ、海が近づくにつれて、オイルのにおいと、マニラ・ロープのにおいと、それに、鉄とペンキのにおいが、全身をくすぐった。


生島治郎著『傷痕の街』講談社　一九六四年

荷役で忙しい山下ふ頭
1965（昭和40）年前後　中央の塔はマリンタワー　横浜みなと博物館蔵

『傷痕《しょうこん》の街』は生島治郎（一九三三〜二〇〇三）のデビュー作で、ハードボイルド小説である。

主人公の久須見は、横浜港で従業員十五人の小さな会社を経営している。仕事はシップ・チャンドラー。物語は、主に一九六二（昭和三十七）年の横浜で、久須見への資金融資を発端に、久須美の周りで起きる事件と麻薬密輸組織を巡って展開する。麻薬組織はシップ・チャンドラーという仕事に目をつけていた。

横浜生まれのシップ・チャンドラー

シップ・チャンドラーは港特有の仕事である。船は入港中に次の航海に必要な品物を補給する。そこでシップ・チャンドラーは、「不足した品を市中の店から本船にかわって集めてくる」。運航に必要な船具、工具や乗組員が消費する食料品、日用品などの生活必需品を船に納入する。仲介手数料を取る「ブローカー」とは違う。ふつう船用品販売業というが、主に外国船（外航船）相手の場合はシップ・チャンドラーと呼ぶ。

開港とともに始まった港の古い仕事の一つである。横浜港ではジェラール瓦で知られるフランス人実業家のジェラールが、一八六四（元治元）年に輸入食料品の販売業を始め、船にも納品していたといわれている。これが横浜港のシップ・チャンドラーのはしりかもしれない。ジェ

海岸通から大さん橋を望む　1950年代後半
左のビル１階にシップ・チャンドラーの看板が見える　神奈川新聞社蔵

ラールは二年後には湧水を利用して給水業も始め、船にも供給した。横浜港での船舶給水業の先駆けといえる。

このように、当時は船への物品供給業務の実権は外国人が握っていた。こうしたなか、この仕事に果敢に挑戦した日本人がいた。横浜で創業する磯野計《はかる》（一八五八〜一八九七）である。

磯野は、大学南校を卒業して代言業（弁護士）を開業。その後、郵便汽船三菱会社の給費留学生になってイギリスに派遣された。五年間のイギリス留学で、船舶の売買、傭船、海上保険などの実務を学んだ。帰国時には、回航する三菱会社の新造船横浜丸に事務長として乗船した。事務長の職務には船で使う物資の買い付けがあった。寄港地でのシップ・

建設中の山下ふ頭　1960年代前半
完成した岸壁から使い始めている　横浜みなと博物館蔵

チャンドラーとの折衝などの経験が、一年後に役に立つことになる。

一八八五（明治十八）年、三菱会社が共同運輸と合併して日本郵船が設立されると、磯野は会社を辞め独立した。当時、日本郵船の外航船への食料品や雑貨の納入の特権は同社の外国人社員が掌握し、彼らは同国人の商人を指定納入業者にして、仕事を独占させていた。不平等条約下の輸出入は外国人商人が実権を握っていた。磯野はこの仕事を日本人に取り戻したいと考えた。そして、日本郵船横浜支店長の近藤廉平に、食料品の取り扱いをやらせてほしいと頼んだ。

同年、磯野は横浜の万代町に船舶へ

の物品納入業の事務所を開く。これが食料品、和洋酒類の販売・輸出入で知られている明治屋の始まりである。店員第一号は、沖に停泊している船に納品するときに欠かせない小型和船の船頭だった。商品の輸入はイギリスで学んだ商業実務と英語力で直取引を行った。日本郵船の船舶数の増加、外国船への納入も手掛けるようになり事業は発展し、数年後には目抜き通りの本町通に洋館の店舗を構えた。関東大震災まではここが本店であった。

船相手の雑貨商

主人公の久須美がある夜、融資交渉に麻薬組織のボスのところに行く前に、いつものように車で山下ふ頭の先端まで行って海を見る場面がある。そこで、港独特のにおいを、「オイルのにおいと、マニラ・ロープのにおいと、それに、鉄とペンキのにおい」と具体的なのは、納入先の貨物船と埠頭で、このにおいに普段から馴染んでいるからである。マニラ麻のロープは、当時需要が多い商品だった。

シップ・チャンドラーが扱う基本的な品物は、ロープやワイヤー、滑車、ペンキ、工具、肉、野菜。他に洗剤、箒、衣類などの日用品だが、注文があれば、ありとあらゆる品物を短時間のうちに揃えて納品する。船の入港前に発注があり、着岸後ただちに納品する。船が沖に泊まっているときは、自社の小型船で向かう。時間がないときは昼夜にかかわりなく集めて積み込む。

港での停泊時間は決まっているので、船の運航日程を遅らせることなく品物を納めることが基本である。

ところで、このシップ・チャンドラー Ship Chandler という言葉は、元はろうそく candle にer をつけたろうそく商が原意。英和辞典で Chandler を引くと、ろうそく製造販売人とある。そして、もう一つ雑貨商という意味がある。かつて、ろうそくは生活に欠かせない品物だったところから、現在でも雑貨商を意味するのだという。つまり、シップ・チャンドラーは船相手の雑貨商ということになる。

非合法な仕事

外航船に乗船して納品するには、税関の船陸交通許可を取る必要があるが、シップ・チャンドラーはその都度申請しなくて済む許可書を携帯している。税関による納入品のチェックはあるが、仕事柄、外国船に比較的フリーに出入りできた。こうした仕事の特性を犯罪に利用しようと考える者がいた。

小説では、シップ・チャンドラーのなかには、航海に必要な品物だけでは「満足できない商売熱心な連中もいた」と書いている。外国船に行き来するその「利点を活用して、規定以外の品物をこっそり運んでやる」ことも不可能ではない。こうして弱小のシップ・チャンドラーは、麻薬密輸組織に取り込まれ、餌食《えじき》になった、としている。港とシップ・チャンドラーと麻薬という設定がストーリーに現実性を与えている。

この小説が書かれた昭和三十年代中ごろの横浜は、麻薬・覚醒剤犯罪が激増していた。黄金町、日ノ出町付近は麻薬濃厚地帯となっていた。拡大する麻薬患者は社会問題になっていた。外国船員による大規模な麻薬・覚醒剤の密輸や暴力団の密売事件が発生していた。また、外国船に出入りできる港湾関係会社社員を巻き込んだ事件も摘発された。こうしたことが物語のヒントになったのかもしれない。黒澤明監督の映画「天国と地獄」もこうした麻薬状況を踏まえたものだった。生島は、『死はひそやかに歩く』ではシップ・チャンドラーが中国人の密入国を頼まれる設定にしている。密輸といい密入出国といい、外国船に出入りするシップ・チャンドラーは小説の主人公にうってつけのようだ。

マリンサプライヤー

現在では外航船向けの船用品販売業は、シップ・チャンドラーというより、マリンサプライヤー（マリンサプライ業）という。船具や食料品、日用品ばかりでなく、船舶用機器や機械部品の供給へと業務範囲を広げている。運航中の船ばかりでなく、新造船が初めて航海に出るときに必要な品物の供給も重要な仕事である。長年の経験と蓄積データで船種や乗組員に応じ

大さん橋でクルーズ客船飛鳥へ納品するマリンサプライヤー　1998（平成10）年
次のクルーズのため、さまざまな品物を補給する　横浜みなと博物館蔵

た船用品を揃える。また、飛鳥Ⅱやにっぽん丸などの日本のクルーズ船をはじめ、寄港する外国のクルーズ船にレストラン用高級ホテル仕様の食材や飲料を納入する。日本に寄港する船だけでなく、世界の主要港でも必要な資材、食料などを提供し、船の航海を支えている。

横浜が創業の地である明治屋は、現在も横浜港に近い山下町に横浜営業所と、同じビルに海上事業本部を置いている。同社のルーツであるシップ・チャンドラーは、今でも主要事業の一つなのである。

《主な参考文献》

明治屋『明治屋七十三年史』一九五八年
神奈川県警察史編さん委員会編『神奈川県警察史　下巻』神奈川県警察本部　一九七四年
佐波宣平著『海の英語　増補版』成山堂書店　一九九五年

高度経済成長期入口の横浜港の風景

三島由紀夫著
『**午後の曳航**』より

登にねだられて、房子は店の華客《とくい》の船会社の重役から紹介状をもらい、丁度高島埠頭《ふとう》のE岸壁に碇泊《ていはく》している、一万トンの貨物船洛陽丸の見学に行った。

（略）

今朝彼らは弁当を持って、神奈川区

の山内埠頭《ふとう》まで出かけ、倉庫裏の引込線のあたりをぶらついて、いつものとおりの会議をひらき、人間の無用性や、生きることの全くの無意味などについて討議した。

（略）

久しぶりに顔を合わせた一同は、学校で弁当を喰べてから、人気《ひとけ》のない場所を求めて、山下埠頭《ふとう》の突端へ行った。

（略）

それは岸壁と倉庫との間の空地に、無秩序に立て並べられた、あるいは銀いろの、あるいは緑いろの、犢《こうし》の一匹も楽に入りそうなコンテナーの聚落《しゅうらく》だった。

三島由紀夫著『午後の曳航』新潮社　一九九〇年（新潮文庫）／一九六三年　講談社刊行

横浜港へ入港する貨物船　横浜みなと博物館蔵

『午後の曳航』は、一九六三（昭和三十八）年出版の三島由紀夫（一九二五〜一九七〇）の書き下ろし小説。横浜港に着いた貨物船の二等航海士竜二と元町で舶来洋品店を経営する未亡人房子のメロドラマが進むなかで、それを観察する房子の息子登が、英雄視していた竜二が船を捨て俗悪な父親になることを裏切りとみて、仲間の少年たちとともに処刑する。

物語は横浜港と港が見える場所で展開される。三島の丁寧な現地取材は、高度経済成長に合わせて拡張する横浜港の姿を垣間見させてくれる。

マドロスの小説の取材

三島は船乗りを主人公とする小説執筆のため、一九六二（昭和三十七）年の春と夏に三回、横浜港とその周辺を取材した。同行した編集者は、外国人墓地や港の見える丘公園、山下公園、海岸通り、元町、中華街、港町の路地裏、引込線のある倉庫街などを歩いたと書き残している。大さん橋では三井船舶の貨物船日光山丸に乗船して、航海士から貨物船や船員などについて話を聞いた。ほかに、ラストシーンの根岸湾を見下ろす富岡の丘にも足を延ばしたのだろう。『午後の曳航』の創作ノートには、根岸湾を見下ろした図が描かれている。

小説には、取材で訪れた横浜港の主なふ頭が登場する。高島ふ頭、山内《やまのうち》ふ頭、新港ふ頭、山下ふ頭。出てこないのは大さん橋と一部工事中の出田《でた》町ふ頭、米軍が使用中の瑞穂ふ頭（ノースピア）である。小説の舞台とならなかったのは、大さん橋を除くと、たぶん山手周辺の中学校に通っていた少年たちの行動範囲の外の距離にあったからだろう。

ふ頭は、竜二と房子にとっては出会いの場。登と仲間たちには、人間の無用性や生きること、あるいは唾棄すべき存在である父親について、あるいは栄光を捨てた船乗りの処罰について討議する場として使われた。

高島ふ頭E岸壁

物語は、高島ふ頭E岸壁に停泊している一万トンの貨物船洛陽丸を見学に来た母子を、船長の代わりに二等航海士の竜二が案内することで始まる。E岸壁は、正確には三号さん橋Eバース。バースは船を横付けする場所のことで、船席ともいう。

洛陽丸のモデルは日光山丸であるが、実際に高島ふ頭を取材したときにEバースに停泊していた船は、日之出汽船の重量物運搬船春日丸であった。洛陽丸と同じ一万トンの不定期船。不定期船は貨物の輸送需要があるところに行く。高島ふ頭の描写はこの時のメモを基にしている。

高島ふ頭は陸から斜めに三本の桟橋が突き出た形をしていた。一号と二号さん橋は、山内ふ頭とともに内国貿易用に戦前に造られた。ふ頭内には鉄道が敷設された。一番大きい三号さん橋は一九五四（昭和二十九）年に建設され、主にインド、オーストラリア航路の船が使用していた。

高島ふ頭1号さん橋　昭和30年代前半
正面に新港ふ頭が見える　横浜みなと博物館蔵

山内ふ頭は不定期船が発着した。

三号さん橋は出田町ふ頭と同様に港湾施設の接収代替施設として、政府の港湾整備緊急三カ年計画（昭和二十六〜二十八年度）で造られたものである。横浜港では貿易は再開されたが、港湾施設の接収がネックになっていた。続いて、港湾整備五カ年計画（昭和二十八〜三十二年度）に基づき横浜港拡張計画が定められた。年々増える貨物量に対処するため、商港、工業港、観光港の三区域に分けて拡充する計画であった。このとき、日米安全保障条約による瑞穂ふ頭の米軍無期限使用に対する代替として、山下ふ頭一号岸壁建設が追加された。

昭和三十七年の横浜港の貿易

三島が取材に訪れた一九六二（昭和三十七）年頃、横浜港はようやく接収から解放され、年々激増する貿易量に追われ、施設の整備を急いでいた。

戦後の日本の港の整備は、政府の経済自立五カ年計画（一九五五年）や国民所得倍増計画（一九六〇年）などの経済計画に対応して策定された公共投資である港湾整備五カ年計画により実施された。五カ年計画は各港の港湾計画と調整し作成したものである。港は経済成長を推進する貿易の拠点と位置づけられ整備された。

横浜港は、横浜市の長期計画である横浜国際港都建設総合基幹計画（一九五七年）などの政策を踏まえて港湾計画が作成された。同総合基幹計画は、港湾の拡充と臨海工業地帯造成を基本とした。

一九六二（昭和三十七）年の横浜港の外国貿易取扱貨物量は、五年前の一・八倍の一九二六万トンに達し、全国第一位だった。貿易品は経済成長を反映して、輸出では玩具などの雑品に代わってカメラを中心とする機械が第一位、三位は鉄鋼。輸入は原油・石油製品、飼料用米穀、鉄鉱石・ボーキサイトなどの順だった。特徴は輸入が八割を占めたことである。

稀有の高度経済成長で輸入は激増を続けた。これが原因で前年、殺到した輸入貨物を港で

高島ふ頭　1960～70年代
３本突き出た桟橋は上から順に１号、２号、３号。１号の上は三菱重工業横浜造船所。左隅に見えるのは山内ふ頭　横浜みなと博物館蔵

新港ふ頭に続く引込線　1985（昭和60）年頃　横浜みなと博物館蔵

降ろせない異常な滞船滞貨、いわゆる船混みが横浜港をはじめとする主要港で起きた。港湾インフラの絶対的不足が露呈し、港の整備は急務になっていた。

港湾整備の現況と計画

その結果、この時期の横浜港は至るところで工事中だった。

山下ふ頭は、港湾整備緊急措置法（一九六一年）による港湾整備五カ年計画で、岸壁不足解消のため計十バースに拡大された。登たちが五号岸壁の上屋に行くのは、両隣の三、四号と七、八、十号岸壁が工事中だったからである。工事中の五バースは翌一九六二（昭和三十七）年三月に完成。政府の輸出振興策により輸出専用埠頭として、ニューヨークや北米西岸、中南米航路が優先的に使用した。

出田町ふ頭は、貨物に応じた専用岸壁を整備する特定港湾整備特別措置法（一九五九年）によって、石炭用埠頭が追加され、一九六三（昭和三十八）年に完成する。しかし、完成後の石炭から石油へのエネルギー源転換と貿易自由化で、石炭埠頭からバナナを中心とする青果物埠頭へと役割を変える。

本牧ふ頭は、増大する貨物量を捌ききれないため、港湾整備五カ年計画で、新たに計画された。外防波堤から本牧地先にかけて埋め立て、主に雑貨や撒荷《ばらに》などを扱う大規模埠頭の建設である。国と横浜市が一九六三（昭和三十八）年から着工し、一九七〇（昭和四十五）年、二九バースが完成する。だが、建設中にコンテナ船が世界の主要航路に就航するようになり、本牧ふ頭もコンテナ用に一部計画を変更することになる。

本牧ふ頭関連産業用地は隣接する本牧ふ頭とともに計画、着工した。同ふ頭と根岸湾臨海工業地帯との間の本牧岬海面を埋め立てる、臨海工業用地の造成計画だった。一九六九（昭和四十四）年に完成し、基幹産業の重化学工業が進出した。

東京オリンピックを控えて、大さん橋は外国客船及び外国人客受け入れのため改築工事を計画。一九六三年着工し、翌年のオリンピック開幕前に新しい国際船客ターミナルが完成する。

観光港として、横浜港拡張計画で山下公園前に客船、貨物船用の五万総トン級二隻などが着岸できる公園ふ頭を一九七〇（昭和四十五）年までに建設予定だったが、実施されなかった。また、接収中の瑞穂ふ頭の北側に貨物船用四バース建設を一九七〇（昭和四十五）年までに予定していた。これも計画で終った。

根岸湾の埋立

このほかに、大規模な根岸湾埋立事業が進行中だった。

横浜市は、念願だった京浜東北線を桜木町から大船まで延伸する根岸線建設が一九五七（昭和三十二）年に決まると、根岸湾臨海工業地帯造成計画を策定した。重化学工場を誘致して工業化を図って横浜の経済活動を強化し、横浜港を工業港としても発展させていこうとしていた。また、根岸線実現には路線ルートにあたる根岸湾の埋立が必要だった。同年には港湾法で横浜港の港湾区域は本牧鼻から磯子・金沢地先まで拡大した。

埋立事業は一九五九（昭和三十四）年に起工し、工事は二期に分け実施され、一九七一（昭和四十六）年に竣工した。六一〇ヘクタールに及ぶ埋立地には、石油精製、ガス、電力、造船、電機などの一大工業地帯と工業港が出現した。

ところで、竜二の処刑場所は、埋立中の根岸湾が見渡せる、少年たちが乾ドックと呼ぶ富岡の丘の窪地だった。乾ドックは船の点検と修理をして次の航海に備えるところである。船乗りの竜二が再び英雄になるにはふさわしい場所だったといえる。

そこからは神奈川県工業試験所や日本飛行機杉田製作所が見え、視線を上げれば、「埋立工事の進んでいる突端に、剥《は》げた緑いろの浚渫船《しゅんせつせん》が泊まって、黒煙をあげていた。」

三島の取材の翌年末には、中区間門町から磯子区杉田町までの第一期埋立が竣工した。

小説では、竜二は根岸湾埋立造成中の沖をゆく貨物船を見ながら、少年たちにすすめられて紅茶を飲む。ドックで船乗りとしての栄光を取り戻す死の味は、苦いものだった。

埋立が始まった根岸湾 1959年頃
中央は堀割川河口。上方に続くのは根岸の海岸（第1期B地区埋立予定地）、上の岬は本牧鼻
横浜みなと博物館蔵

コンテナ・バン

さて、この小説には世界の海上輸送システムと港湾施設・設備を変えることになるコンテナが出てくる。

それは、船乗りは船の栄光の一部であると考える登が、陸の生活を始めた竜二の罪状の一部を仲間たちに報告する場面で、山下ふ頭の五号上屋前である。

少年たちが入ったコンテナは、「岩乗《がんじょう》な鉄枠を帯びた大きなベニヤの木箱」だった。コンテナが出始めの頃は大きさも材質もまちまちだった。ヨーロッパでは高さ一・五メートルほどの四隅が金属で補強された木の箱。アメリカでは長さ二・四メートルから四・五メートル、鋼製や鉄枠合板製など様々なタイプが使われていた。ほかに、米陸軍が第二次世界大戦後、軍貨輸送に採用していたコネックス・ボックスがあった。スチール製で長さ約二・六メートル、幅と高さは二メートル前後。その後、アメリカの船会社がこれをまねたコンテナを使い、一九五八（昭和三十三）年頃には日本の船会社も使い始めた。

海運業界ではコンテナはバンといい、コネックス型はその形状からサイコロ・バンと呼ばれた。登たちが入ったコンテナは、合板製のサイコロ・バンのようだ。このコンテナは荷役の能率化や貨物の損傷・盗難防止は意図しても、現在のようなコンテナによるドア・ツー・ドアの海陸複合一貫輸送を目指したものではなく、貨物の一形態として扱われていたにすぎなかった。このため一時的使用に止まった。

だが、すでにアメリカでは海陸一貫輸送を目的にした本格的コンテナ輸送は始まっていた。一九五六年、改造したタンカーが、アルミ製コンテナ五十八個を運んでいた。以後、経済的で効率的で合理的なコンテナ輸送システムは急速に全世界で進行していく。すぐそこにコンテナ輸送革命が迫っていた。

日本には一九六七（昭和四十二）年に最初のコンテナ船が神戸港に着き、横浜港には翌年十二月、建設中の本牧ふ頭に第一船が入港する。

現在のコンテナ船もタンカーも港の停泊時間は短い。貨物の積み降ろしが終わると、すぐに

山下ふ頭市営３号・４号上屋とコンテナ（サイコロ・バン） 昭和40年代前半
山下ふ頭は３本突き出た突堤からなり、三島が取材したとき、ふ頭の中央の５号、６号岸壁が完成していた　横浜みなと博物館蔵

出港する。また、セキュリティが厳しくなり一般の乗船は難しい。竜二と房子のようなメロドラマは生まれそうにない。横浜港もすっかり変わった。舞台となった高島ふ頭も、山内ふ頭の市営一号上屋も引込線も今はない。

《主な参考文献》

横浜市港湾局『横浜港史　各論編』一九八九年
横浜市『第23回横浜港港湾統計年報　昭和37年』一九六三年
高村直助著『都市横浜の半世紀』有隣堂　二〇〇六年
渡辺逸郎著『コンテナ船の話』成山堂書店　二〇〇六年
マルク・レビンソン著、村井章子訳『コンテナ船物語』日経BP社　二〇〇七年
大阪商船三井船舶『三井船舶株式会社社史』一九六九年
三島由紀夫著『決定版　三島由紀夫全集　第9巻』新潮社　二〇〇一年
川島勝著『三島由紀夫』文藝春秋　一九九六年

若者の夢を乗せたナホトカ航路

『青年は荒野をめざす』より
五木寛之著

ソ連極東船舶公団船バイカル号は、今、船体をかすかに震わせながら、出航を待っていた。

（略）

バイカル号の甲板では、若

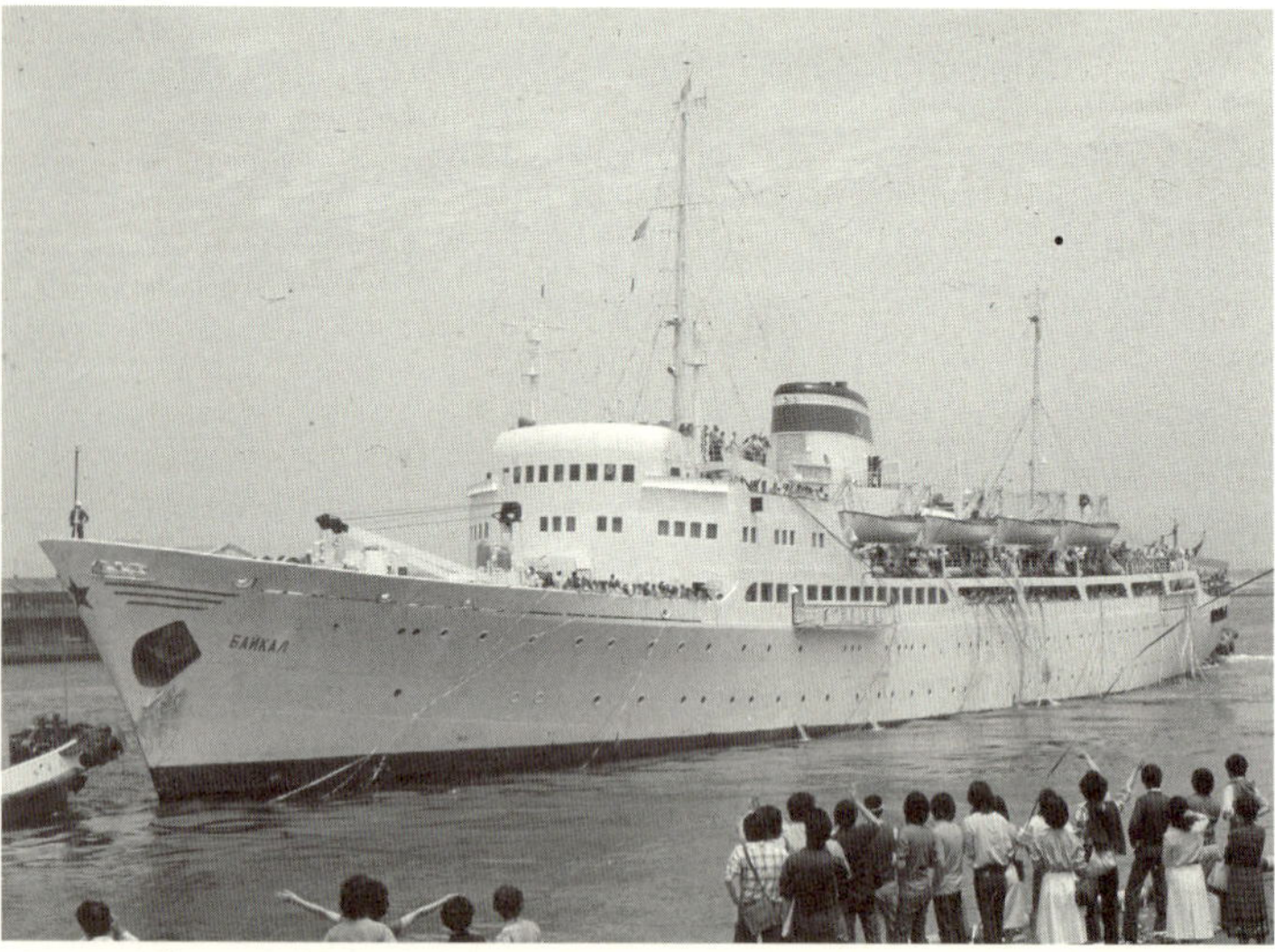

バイカル出港 1978（昭和53）年
家族や友人に見送られて大さん橋を離れる。ナホトカ航路は1970～1980年代、唯一の日本発着の外国定期客船航路だった　横浜みなと博物館蔵

い船客が陽気な叫び声をあげていた。日本人が大半で、外国人がその間にまじっている。横浜港桟橋は、見送り人でいっぱいだった。

（略）

しかし、ジュンには計画があったのだ。ナホトカ航路のソ連船を利用して行けば、北欧のヘルシンキまでは何んとかなる。

五木寛之著『青年は荒野をめざす』文藝春秋一九六七年／初出：『平凡パンチ』一九六七年三月二十七日号〜十月三十日号連載

バイカルに乗船前の船客　1980年代前半
船はいつも大さん橋の新港ふ頭側に停泊した　横浜みなと博物館蔵

『青年は荒野をめざす』は、ヨーロッパを彷徨してジャズとは何か、生きることとは何かを掴もうとする青年の物語である。一九六〇年代後半の若者の圧倒的な共感を呼び、若者を世界旅行へと駆り立てた一編である。

この小説は、作者の五木寛之（一九三二〜）の一九六五（昭和四十）年六月から八月にかけてのソ連、北欧旅行をもとにしている。作者の旅と同様、物語もソ連客船バイカルの横浜出港から始まる。引用は冒頭の部分である。デッキはヨーロッパに旅立つ若者たちで賑わっていた。

ナホトカ航路の開設

主人公のジュンは二十歳。ジャズ演奏のアルバイトで貯めた十五万円の貯金で、トランペットを持って日本を脱出し、ヨーロッパ放浪を企てる。この計画を可能にしたのは、「ナホトカ航路のソ連船」だった。

ジュンが乗船したのはソ連（現・ロシア）の客船バイカル。バイカルはソ連極東船舶公団が運航するナホトカ航路客船の一隻。同航路はソ連の極東最大の貿易港ナホトカと横浜を結ぶ定期客船航路である。ナホトカは日ソ経済交流の最前線基地であり、ソ連の東の玄関口であった。また、第二次世界大戦後の日本人抑留者の送り出し港でもあり、日本とは馴染みがあった。一九五八（昭和三十三）年には貨物船による定期航路が始まり、貿易量は年々伸びていた。客船航路開設はソ連の外貨獲得政策であった。

就航第一船は船齢四十二年の老客船アレクサンダー・モジャイスキー（九九二二総トン）で、一九六一（昭和三十六）年五月三十日、横浜港大さん橋に着いた。乗客はソ連のレスリング選手団三十人を含む約百人。以後、冬期を除きほぼ毎月一便（往復）、年間十便程度運航され、乗客数は二千七百人ほどだった。航程は一七〇〇キロ。ナホトカを出て日本海を横切り、津軽海峡を抜け、三陸沖を通って、横浜まで無寄港の五十四時間、二泊三日の航海である。冬はかなり揺れた。ナホトカ十二時発、二日後の十六時横浜着。翌日十一時横浜発、二日後の十七時ナホトカ着で運航された。

東京オリンピックの一九六四（昭和三十九）年から乗船者が一気に八千人に急増し、便数も毎年十便ずつ増えていった。一九六六（昭和四十一）年からは通年運航となった。

一九六〇年代末から七〇年代前半にかけて、横浜発着のヨーロッパ航路、アメリカ航路が旅客機に客を奪われて撤退するなか、ナホトカ航路は最盛期を迎えた。一九六九（昭和四十四）年から七一（昭和四十六）年は、年間六十便、乗客数は一万七千人を数えた。お金はないが時間はある若者の乗船が多いところが本航路の特徴である。一般の旅行者、それにビジネスマンも利用したが、船客の約六割が横浜発ナホトカ行きだった。人気の秘密

横浜を出港するハバロフスク　1983（昭和58）年
バイカルの後、ナホトカ航路を支えた　横浜みなと博物館蔵

は安い運賃である。

渡欧の経済的ルート

当時はまだ外国に行った人が少なかった時代だった。安い方法でヨーロッパへ行くには、航空機より客船のツーリスト・クラスを利用するのが一般的だった。だが、時間がかかった。横浜からフランスのメサジュリ・マリティム社の客船でマルセイユまでは約三十五日、イギリスのP&O汽船でロンドンまでは約四十日を要した。これに対して北回りのナホトカ航路は、三日でヨーロッパの東の端に着くことができた。船賃は最低で約二万円。ソ連経由で安く早く渡欧できる経済的な有力ルートとなった。

この小説が書かれた一九六六（昭和

四十一）年頃の東京から北極経由でパリまで、航空機の直行便エコノミークラスで片道二十四万三千九百五十円だった。時期は少し後になるが、一九七一（昭和四十六）年の料金（モスクワ～ヘルシンキ間は一九七三年の料金）で、ジュンのヘルシンキまでの交通費を推定すると次のようになる。

横浜―ナホトカ間の客船ツーリスト・クラスの船賃二万千九百十五円、ナホトカ―ハバロフスク間のシベリア鉄道二等六千七百十七円、ハバロフスク―モスクワ間の航空運賃四万三千四百四十円、モスクワ―ヘルシンキ間の列車二等八千三百四十円。合計八万四百十二円。ナホトカとハバロフスクでの乗り換え料金三千七十七円を加えても八万三千四百八十九円で、航空運賃の三分の一の安さだった。

乗り物の旅

ところで、ジュンは様々な乗り物を乗り継いで放浪を続けた。小説には船（客船、貨物船）、鉄道、航空機（プロペラ機、ジェット機）、自動車（乗用車、バス）という多彩な交通機関が登場する。

横浜港からナホトカまではソ連定期客船。ナホトカは対外開放されていないので、旅行者は滞在することができない。そのため、その夜、ナホトカのチーホアケアンスカヤ（太平洋）駅から九一五キロ、所要時間約十六時間のハバロフスク行きの急行列車に乗る。すぐにシベリア鉄道本線と合流。ハバロフスクからモスクワまで七五〇〇キロは約九時間三十分のアエロフロート（ソ連民間航空）のTU－一一四型機の旅。同機は旅客定員最大二百二十人の史上最大のプロペラ旅客機だった。モスクワからレニングラード経由フィンランドのヘルシンキまでは国際急行列車に約十五時間乗った。

トゥルクに移動し、そこから客船でバルト海を渡りスウェーデンのストックホルムへ。ストックホルムからデンマークのコペンハーゲンまでは販売間もないイギリス大衆車ミニ・クーパー。そこからパリまではジェット機。パリから南下してスペインのマドリッド、ポルトガルのリスボンへは乗合のマイクロバス。そしてリスボンからノルウェーの貨物船で大西洋を横断し、ジャズの本場ニューヨークをめざした。貨物船は十二名の旅客を乗せることができる。一九八〇年代頃までは船客を乗せる貨物船の定期航路がいくつもあった。

小説は、陸海空の乗り物の旅物語のようでもある。

バイカル就航

さて、ナホトカ航路の就航船は、一年足らずのうちにモジャイスキーから新鋭小型客船に替わった。グリゴリー・オルジョニキーゼ、バイカル、ハバロフスク、フェリックス・ジェルジンスキーなどの同型船である。これらの船は、ソ連船舶公団が一九五八年から六三年にかけて東ドイツで建造した十九隻のミハイル・カリーニン型客船。総トンは五〇〇〇トン弱、全長一二二メートル、幅一六メートル、速力十八ノット、乗客定員三百三十三人。赤い帯に黄色い鎌とハンマーの国旗と同じマークの煙突がある、白い小さな船である。ナホトカ航路はこの小型客船隊が担っていった。

なかでもよく知られているのは、この小説の舞台にもなり、一九六四（昭和三十九）年から十九年間就航したバイカルと、その跡を継いだハバロフスクだろう。若者だけでなく、ソ連からはボリショイ・サーカス団やレニングラード交響楽団、日本からは中村歌右衛門や市川猿之助ら歌舞伎の訪ソ団や大鵬、柏戸らの大相撲の一行などが利用した。日ソ文化交流の懸け橋の役も果たした。大さん橋の新港ふ頭側に停泊した横浜港に馴染みの船だった。

ナホトカ航路の集客力は安さだけではなかった。船内の居住性とサービスが良いことも人気を集めた要因だった。一等とツーリスト・クラスの料金による差は現在のクルーズ客船のように客室の大きさと設備の差で、船客は食事もサロン、バーなどの公室利用も同じだった。一番安い四人部屋は清潔だが、ベッドとレターテーブルがあるだけだった。シャワー、トイレ・洗面所は共同である。小型船ながらサロンやレストラン、バー、喫煙室兼

コンスタンチン・チェルネンコ　1988（昭和63）年
1987年からナホトカ航路に就航した。12,798総トン、乗客定員412人。1988年にルーシと改名し、ウラジオストク航路に就いた　横浜みなと博物館蔵

図書室など一通り備えていたが、プールはなかった。船員は気さくでフレンドリーだと評判だった。一日三回の食事はロシア料理。夕食後はサロンで船員による民族舞踏、歌などのショーやダンスパーティーが開かれた。若者にはバイカルが初めての外国だった。

ナホトカ航路の終焉

一九七六（昭和五十一）年、バイカル船上でロシア語研修に向かう日本人女子大生が航海士に殺害される事件が起きた。この頃から乗客数が減少を始め、三年後には最盛期の半分までに落ち込んだ。大きな理由は、

ヨーロッパまでの航空運賃が船便ルートより安くなったためである。

そしてナホトカ航路は一九九二(平成四)年六月、ウラジオストク航路に変更になった。冷戦終結とソ連崩壊で、ウラジオストクの軍事的重要性が薄れ、対外開放されたことによる。だが、格安航空券の普及などで乗客の減少は止まらず、同年九月までのわずか十二便で航路廃止となった。これで、三十一年間におよぶ横浜とソ連を結んだ定期客船航路は幕を閉じた。

ナホトカ航路のソ連船は、ジュンのような若者たちの夢と好奇心と冒険心と野心を乗せて、毎週のように横浜を出港した。横浜港からソ連、ヨーロッパに向けての旅立ちは、若者にとって人生の旅立ちでもあった。

三十一年間のナホトカ航路の航海(往復)数は延べ千百三十八回、延べ船客数は二十九万四千二百人だった。

《参考文献》
茂川敏夫著『船旅への招待』新声社　一九七一年
山田廸生著「ナホトカ航路から撤退したソ連客船『バイカル』」(『世界の艦船』No.322)海人社　一九八三年六月

艀の盛衰

城山三郎著

『毎日が日曜日』より

七〇〇トンの綿実クズを積んだ艀六隻は、とりあえず、本牧埠頭のB突堤とC突堤の間にある艀溜《だま》りに、つないである。

最近では、コンテナー船がふえたため、艀は本来の荷役作業が少なくなり、倉庫代わりに使われることが珍しくない。

（略）

港の幾カ所かにある艀溜りだけでなく、運河にも川にも、いたるところに、艀がつながれていた。それも、くろずんだ川の色とほとんど同じになった老朽化した艀が多い。


城山三郎著『毎日が日曜日』新潮社 一九七六年／初出：「読売新聞」一九七五年二月十六日〜十二月十七日連載

大さん橋際の艀溜まり　1969（昭和44）年　横浜みなと博物館蔵

城山三郎（一九二七～二〇〇七）の『毎日が日曜日』は、商社マンの不遇と左遷を描いて人々の共感を呼び、タイトルは流行語にもなった。

小説の終盤は、主人公の沖と先輩の笹上が横浜港で、輸送中に海水をかぶって使い物にならなくなった綿実《めんじつ》の処分に奔走する姿が描かれる。

小説が書かれた一九七〇年代前半の日本の港は、急速に拡大する海上コンテナ輸送への対応に追われた。横浜港も、その姿を変えようとしていた。その最も大きな影響を受けたのは、艀だった。

腐った綿実の処分

海水に濡れてクズとなった綿実は、本牧沖で貨物船から六隻の艀《はしけ》に移された。艀は、その後本牧ふ頭B突堤とC突堤の間にある艀溜まりに引かれていった。艀溜まりは、艀を係留しておく場所で、小説では「港の幾カ所」となっているが、実際は港内には二十か所以上の定係地《ていけいち》があった。BC突堤間の艀溜まりは今では埋め立てられ、コンテナターミナルになっている。

このクズの綿実を入れた艀のように、係留されて「倉庫の代わり」になっている艀を倉《くら》艀《ばしけ》という。保管は艀の機能のひとつである。上屋や倉庫がいっぱいの時などに倉艀になる。

さて、綿実は搾油して良質のサラダ油やマヨネーズの原料になるが、腐って悪臭を放つ綿実はゴミである。この処分はことのほか難航する。横浜市清掃局で焼却を断られ、海洋投棄を計画したが、想像以上の費用と手間がかかることがわかり断念した。次に、追浜沖の埋立地に艀ごと沈めようとしたが、埋立ての障害になることが判明し中止となった。そして、沖は川崎沖で艀の焼却が行われていることを知る。この小説が書かれた頃、捨てられ、また余剰になった艀の焼却処分が行われていた。

港内輸送の主役

艀は、横浜開港以来一九六〇年代後半にコンテナ船が登場するまで、港の貨物輸送の主役だった。船倉に貨物をたっぷり入れて、沈んだ船体を二つ三つ繋げて、引き船に引かせ、ゆっくり港内を行く様は、港のごく当たり前の光景だった。

艀とは、港内や湖川で、倉庫や上屋、工場と停泊中の船との間を行き来して、貨物を運ぶのに用いる小型船のことである。一般に船体は幅広く平底。船体のほとんどが船倉である。貨物の積載量は一〇〇トンから四〇〇トンくらい。木造が多いが、大型船は鋼製である。木造船の大きさは長さおよそ二一メートル、幅六メートルほど。ずんぐりした形から達磨《だるま》艀と呼ばれた。船尾には三畳ほどの部屋があり、乗組員と家族がここで暮らした。艀

横浜市の沈廃船焼却施設 1969(昭和44)年 1969年に130隻、1970年に89隻、1971年に92隻の艀を焼却した 横浜みなと博物館蔵

は仕事場であり、生活の場であり、こどもたちの遊び場でもあった。多くは推進機関がないので引き船に曳航されるが、推進機関を備えた機付き艀（独航艀、ともいう）もある。

高度経済成長期、横浜港の貨物量は急増した。輸入貨物が港にあふれた一九六一（昭和三十六）年以降、それを解消するため毎年百隻の艀が建造された。岸壁、上屋、倉庫など港湾施設の不備、不足を艀が補った。岸壁でも沖の貨物船でもたくさんの艀が着いて貨物を取った。一九六九（昭和四十四）年の艀の輸送量は一九〇〇万トンに及んだ。艀が動かなければ、港が動かないといってもいい状況だった。この年が艀の貨物輸送量のピークだった。

海上輸送革新

『横浜港統計年報』によれば、一九六四（昭和三十九）年の貨物船からの貨物の積み降ろし量の約三五パーセントは、艀が取り扱った。それが、六年後の七〇年の艀取り扱い貨物量は二〇パーセント、七五年には約一三パーセントになっていた。艀の仕事量は急速に減少していた。

その要因は港の整備と輸送革新の進展である。

戦後の横浜港の整備は接収で大幅に遅れたが、一九六三（昭和三十八）年に山下ふ頭、一九七〇（昭和四十五）年に横浜港の中心的な役割を担う本牧ふ頭が完成した。翌年には横浜港最大の大黒ふ頭建設に着工し、港湾施設の整備が進んでいった。

輸送革新は専用船と専用埠頭の拡大である。その代表が、港で「第二の黒船」と呼ばれたコンテナ船である。規格化されたコンテナに貨物を詰めて運ぶコンテナ輸送は、港での貨物の積み替えを不要にし、かつ荷役作業を機械化した、能率的で経済的で革命的な輸送システムだった。横浜港に初めてコンテナ専用船サンファンが入港したのは一九六八（昭和四十三）年十二月。建設中だった本牧ふ頭の一部を急遽コンテナ用に改造して対応した。コンテナ船は瞬く間に世界の主要な定期航路に就航した。岸壁のガントリークレーンでコンテナターミナルに降ろされたコンテナは、トレーラーに載せられて目的地へ向かった。コンテナは、それまでの艀の仕事をなくした。

また、鉄鉱石、小麦など粒状でばら積みする貨物（包装しないでばらのままの貨物）は、それぞれ専用船で運ばれ、専用埠頭で専用の機械で積み降ろしされるようになった。海上輸送革新は、輸送の機械化、装置化、一貫化、組織化という合理化であった。輸送体系が変わったのである。これが艀の出番をなくすことになった。

コンテナ化された雑貨や工業製品、そして専用船化された鉱石、穀類などは、従前は艀の主力貨物であった。輸送革新は艀を不要としたのである。

さらに、コンテナ船以上に艀業界に衝撃を与えたのは、一九七一（昭和四十六）年のラッシュ船来航だった。ラッシュLASHとは、Lighter Aboard Shipの略。艀（Lighter）を積んで航行する船のことである。貨物を積んだ艀ごと輸送し、船に備え付けのクレーンで寄港地で艀を積み降ろしする。業界にとって外来の艀に職場を侵食されるという危機だった。艀運航店社の団体である横浜回漕協会をはじめ港運業界は入港阻止運動を展開した。しかし、その後ラッシュ船は普及せず、数年後には運航を取りやめたため、結果的には杞憂に終わった。

艀の買上げと廃棄

しかし、ラッシュ船問題は運輸省や日本港運協会に大きな衝撃を与え、これを機に艀の合理化、すなわち余剰問題が再びクローズアップされた。

艀需要の減少は止まらなかった。使われなくなった艀には、運河や川に放置されたものもあった。

余剰艀の整理と、それにともなう離職者対策も課題になっていた。そして、需要に見合った船腹調整が行われた。艀の買上げと廃棄処分である。横浜港だけでなく東京、名古屋、大阪、神戸、関門の六大港で実施された。これは日本港運協会が中心になって一九七四

引き船に引かれてゆく鋼製艀　2002(平成14)年　横浜みなと博物館蔵

（昭和四十九）年、一九七七（昭和五十二）年、一九八二（昭和五十七）の三次にわたって実施された。焼却費、転廃業・離職者見舞金を含む買上げ経費は、国の補助金、（財）港湾運送近代化基金の助成金、及び同基金から融資を受けた各港の港運協会の資金が使われた。

この結果、横浜港では艀千三百九隻・二二万七七四四トン（積載量）、引き船六十隻が廃棄された。残存保有量は艀九百十八隻・三三万六二四四トン（積載量）、引き船百八十八隻となった。

買い上げされた鋼船はスクラップ、木造船は焼却された。

小説では艀の焼却地は「川崎沖」の「扇島の突端」にあり、「焼き場とはいっても、野天で焼いているだけであって、起重機《クレーン》以外に格別に設備がある様子はなかった」。また、「焼却能力は一日一隻」で、順番待ちの艀が五十隻近くある、と書いている。実際、鶴見区扇島に横浜市の沈廃船焼却施設があった。艀の買い上げが始まる前の一九六九（昭和四十四）年に、港内の運河などに放棄された沈船や廃船を焼却処分するためにつくられた。一五〇トン艀なら六時間で防塵装置装備の焼却炉で灰にした。横浜市から委託された横浜回漕協会が管理していた。

主人公の沖は綿実を積んだまま艀を焼却しようとするが、艀は焼却するが綿実は焼けないと断られる。結局、腐った綿実は公海上でゴミになったものであり、どこの自治体にも属していないゴミである。まだ外国貨物のままである。そこで、東京に陸揚げして、通常の外国貨物同様に、関税を払い、輸入手続きをして、植物防疫などの検査を受け、さらに艀を密封してガス燻蒸をした。こうして異臭を放つ綿実は、東京で発生したゴミとして、ダンプカーに積み替えられて、東京湾の十五号地に埋められた。

《主な参考文献》
横浜回漕協会『横浜回漕協会三十年史』一九七九年
横浜回漕協会『横浜回漕協会四十年史』一九八九年
横浜回漕協会『横浜回漕協会五十年史』一九九九年
横浜回漕協会『横浜港湾運送事業五十年史』一九九九年
横浜市港湾局『横浜港史 各論編』一九八九年
横浜市港湾局編『第二十五回横浜港統計年報』横浜市 一九六五年

横浜港略年表

一八五三（嘉永六）年	ペリー率いるアメリカ艦隊が浦賀沖に来航
一八五四（嘉永七）年	日米和親条約（神奈川条約）締結
一八五八（安政五）年	日米修好通商条約締結
一八五九（安政六）年	横浜開港、波止場が建設
一八九四（明治二十七）年	横浜港最初の築港工事で鉄桟橋（現在の大さん橋）が完成
一八九六（明治二十九）年	鉄桟橋、防波堤等を建設した横浜港最初の築港工事が終了 日本郵船が欧州、北米、豪州定期航路を開いた
一八九九（明治三十二）年	横浜船渠の第一号、第二号ドックが開渠式
一九一三（大正二）年	京浜工業地帯の基礎となる浅野埋立が開始
一九一四（大正三）年	横浜港第二期築港工事で新港ふ頭が完成
一九二三（大正十二）年	関東大震災。港のほとんどの施設が壊滅
一九三〇（昭和五）年	山下公園開園
一九三六（昭和十一）年	子安、生麦地先の市営埋立が完成
一九四五（昭和二十）年	第二次世界大戦が終結。進駐軍により港の施設の大半が接収された 瑞穂ふ頭完成

一九五一（昭和二十六）年　運輸大臣が横浜市の横浜港港湾管理者認可
一九五四（昭和二十九）年　高島ふ頭三号さん橋、出田町ふ頭が完成
一九五八（昭和三十三）年　横浜開港百年祭
一九六一（昭和三十六）年　大黒町地先埋立が完成
　この頃、輸入激増による船混み（異常な滞船滞貨）が発生
一九六三（昭和三十八）年　山下ふ頭完成。根岸湾第一期埋立工事が完成
一九六四（昭和三十九）年　大さん橋に国際船客ターミナルが完成
一九六八（昭和四十三）年　フルコンテナ船が初入港
一九七〇（昭和四十五）年　本牧ふ頭完成
一九八三（昭和五十八）年　みなとみらい21事業の埋立工事が開始
一九八八（昭和六十三）年　金沢地先埋立事業が完成
一九八九（平成元）年　開港百三十周年、市政百周年記念の横浜博覧会開催
　横浜ベイブリッジが開通
一九九〇（平成二）年　大黒ふ頭が完成
二〇〇一（平成十三）年　南本牧ふ頭（MC—1、2）コンテナターミナルが供用開始
二〇〇二（平成十四）年　大さん橋国際客船ターミナルが完成
二〇〇九（平成二十一）年　横浜開港百五十周年
二〇一〇（平成二十二）年　横浜港を含む京浜港が国の国際コンテナ戦略港湾に選定

あとがき

城山三郎は作品を書くにあたって、丹念な取材と調査をしたことで知られていた。現地を何度も訪れメモを取り、スケッチをした。『毎日が日曜日』は、コンテナの出現によって、役割を終えようとしている艀の様子をよく伝えている。川につながれたままの老朽化した艀、廃棄処分に向かう艀に座る船頭の姿など。こうした描写は小説の本筋ではないが、結果として、一九七〇年代初めの艀をめぐる横浜港の風景が、静かに簡潔に書き残されることになった。劇映画のなかに、その時代の街並みや人々の暮らしが保存されているのと同じである。

海と陸の物流の結節点として拡大し、セキュリティレベルが上がっている今の横浜港では、かつて城山が歩いたような取材はできないかもしれない。エネルギーの輸入や製品の輸出で、港の重要度はますます大きくなっているが、一般の人にとってはそれがなかなか認識できない状況にある。そのためか、近年の文学に現れる横浜港は、大さん橋や赤レンガ倉庫などのウオーターフロントを観光やデートで訪れる場所として登場することが多い。

さて、この本は横浜市と神奈川新聞社の協働による季刊誌『横濱』に、「文学に描かれた港の風景」として二〇〇九年十月から連載した五年分をまとめたものである。創刊三年目から始まった連載「横浜港物語」のなかの一シリーズである。十七人の二十三作品で、開港期から昭和五十年代までの横浜港について取り上げた。

刊行にあたり、字句を修正するとともに、連載時紙幅の都合で割愛した部分を加えたほか、一部は書き改めた。

最後に、連載の場を提供してくれた『横濱』の企画委員会のメンバーである企画委員の皆さん、歴代の横浜市広報課の皆さん、神奈川新聞社クロスメディア営業局の皆さん、そして編集実務を担当しているウィンダムの皆さんにお礼申しあげます。とりわけ、本の形にしてくれたウィンダムの佐藤彰芳氏には連載の段階からお世話になりました。また、原稿の修正作業にあたったウィンダムの小林菜月氏、原稿をていねいにみてくださった有隣堂出版部の佐々木淳氏、佐野晋氏にもお手数をおかけしました。記して感謝します。

二〇一五年十月

※原文をそのまま引用しているため、現在の社会環境にはそぐわない用語を使用しています。

志澤政勝（しざわ　まさかつ）

1952年神奈川県生まれ。法政大学法学部卒。

横浜みなと博物館館長。

公益財団法人帆船日本丸記念財団理事。

主な担当展覧会「日本の客船」、「横浜の造船業」、「船の画家 柳原良平」、「歌、映画、小説のなかの横浜港」、「魅惑の日本の客船ポスター」など。

共著に『横浜港大桟橋物語』（JTBパブリッシング）、『横浜開化錦絵を読む』（東京堂出版）、『復元日本大観4　船』（世界文化社）など。

横浜港ものがたり
―文学にみる港の姿―

平成27年11月30日　初版第1刷発行

〔著　者〕
志澤政勝

〔発行者〕
松信　裕

〔発行所〕
株式会社　有隣堂
本　社　〒231-8623 神奈川県横浜市中区伊勢佐木町1-4-1
出版部　〒244-8585 神奈川県横浜市戸塚区品濃町881-16
電話 045-825-5563　振替 00230-3-203

〔装　幀〕
小林しおり

〔印刷所〕
図書印刷株式会社

ISBN978-4-89660-220-3 C0021

定価はカバーに表示してあります。

落丁・乱丁本はお取り替えいたします。